KB175123

그레이 존에서 길을 잃은 직장인에게

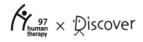

그레이 존에서
길을 잃은 직장인에게

발달장애 특성을 가진 이들을 위한 직장생활 안내서

일본콘텐츠전문번역팀 옮김

사토 에미 지음

이담북스

'판단이 두려운' 당신에게

우리는 매일 무언가를 '판단'한다. '판단'이란 어떠한 현상을 확인하여 내 생각을 정하는 일로, '의사결정'이라고도 한다. 중요한 일부터 사소한 일까지 우리는 매일 끊임없이 결정한다. 퇴사나 결혼처럼 인생의 중요한 기로에 관한 선택부터 오늘은 무슨 옷을 입을지, 점심에는 A 세트와 B 세트 중 어느 것을 먹을지, 오늘 회식에 참석할지와 같은 사소한 것까지, 그 종류는 다양하다.

업무도 판단의 연속이다. 회사에서 일하는 속도가 느리다며 핀잔을 들을 수도 있고, 부하 직원의 고민을 들어주거나 까다로운 고객의 항의에 대응해야 할 때도 있다. 이럴 때는 머릿속으로 다양한 지식이나 사실, 이유를 나열한 뒤, 가장 적합한 내용과 표현을 복합적으로 선택해 판단을 내려야 한다. 이처럼, 우리는 매일 셀 수 없이 많은 '판단'을 내린다.

그러나 최근에는 판단 내리기를 어려워하는 사람들이 부쩍 많아졌다. 판단에 자신이 없다, 판단을 강요받으면 머릿속이 하얘진다, 일단 판단을 내린 뒤에도 불안해서 견딜 수가 없다, 휩쓸리기 쉬운 성격이라 직접 결정할 수 없다, 와 같은 고민을 호소한다.

노동자의 정신 건강을 지원하는 현장에서도 이러한 사람들을 자주 볼 수 있다. 이들의 호소를 단편적으로 받아들인다면 자신감이 부족한 사람, 소극적으로 일하는 사람, 걱정이 많은 사람 등으로 치부해 버리게 된다. 하지만, 서두에 말했듯 우리는 생활 속에서 작은 일부터 큰일까지 하루에도 수없이 많은 판단을 내려야 한다.

만일 생각보다 훨씬 더 '판단이 두렵다'라고 느끼는 사람이라면 어떨까? 우리의 생활은 공포의 연속일 것이다. 그리고 그 고통은 상상을 초월한다. 특히, 회사에서는 어떠한 위치든 나름의 책임이 따르는 판단이 필요하다. 점심 메뉴를 고르는 정도라면 한 입 먹어본 뒤 맛이 없어도 참고 먹으면 그만이다. 하지만 업무적으로는 불가능하다. 업무는 크든 작든 그 판단에 책임이 따르고, 결과로 평가되기 때문이다.

물론, 이제 막 입사했거나 이직한 지 얼마 되지 않아 업무를 잘 파악하지 못했거나 곧바로 대형 프로젝트를 담당하게 되었거나, 사운이 걸린 결정을 내려야 하는 등 그 책임이 무거운 경우라면 누구라도 '판단이 무섭다'라고 느낄 수밖에 없다. 다만, 이와는 다른 '이유' 때문에 판단에 자신이 없다고 느끼는 분들을 위해 이 책을 집필했다.

　지금까지 '판단이 두렵다'라고 생각하는 사람은 왜 나만 이렇게 무섭고 괴로운지 끊임없이 질문을 던졌을 것이다. 이유는 모르지만 일이 잘 풀리지 않는다면 그 자체만으로 무척 두렵고 불안해지기기 때문이다. 반대로, 내가 불안한 이유를 알면 자신을 적절하게 이해할 수 있다. '나는 왜 그럴까?'라는 의문의 '이유'을 알면 마음이 무척 편해지기 때문이다. 그러므로 적절한 '이유'를 알게 된다면 불안감이 조금은 해소될 것이다.

　나아가 한없이 자책하던 마음에서도 해방된다. 어쩌면 누군가를 탓하고 싶었던 마음에서도 자유로워질 수 있다. 나아가 현실적인 대응 방안과 개선책을 생각할 수 있게 된다.

'판단이 두려워' 매일 괴로워하는 사람들, 특히 회사원이나 업무에 적응하지 못하고 그만둔 사람이나 그럼에도 불구하고 일을 하려는 사람들이 조금이라도 그 공포에서 해방될 수 있도록 도움을 주고자 한다. 이 책이 새롭게 한 발짝 내디딜 수 있는 계기가 되기를 바란다.

목차

제6장 나다운 업무 스타일을 찾는 법

제7장 분노 통제하는 법

제8장 효과적으로 상담하는 법

제9장 판단이 두려운 사람과 일하는 법

제10장 회사 내 '암묵적 동의'를 말로 한다면

제1장

발달장애 이해의 첫걸음

유난히 일상이 괴로운가요?

이 책을 시작하기에 앞서, 이 책의 입장과 목적을 설명하고자 한다. 앞서 이야기한 바와 같이, 이 책은 내가 어떠한 일을 제대로 하지 못하는 '이유'를 적절하게 파악하도록 안내한다. 그리고 그 대처법에 대한 힌트를 얻어 현재의 괴로움을 완화하고 제대로 일할 수 있게 도와주기 위해 쓰여졌다. 그러므로 '발달장애(또는 그 경향) 특성의 이해'를 중심으로 이야기하고는 있으나, 의학서적은 아니다.

발달장애를 비롯해 뇌의 기능이나 정신 건강에 대해서는 의학적 관점에서 행해져 왔던 연구를 바탕으로 진단법이나 치료법이 확립되어 왔다. 이는 매우 중요하고 의의가 큰 사실이다. 특히나 정신 건강은 객관적인 수치화가 어렵기 때문이다. 따라서 의학적 근거와 기준을 명확하게 제시하는 일은 다양한 오진과 오해, 편견의 확신을 막고 적절한 치료와 대응을 촉구하기 위해 꼭 필요하다.

그러나, 한편으로는 엄격한 의학적 진단 그 이상으로 본인의 '괴로움'이라는 주관적 감정에 공감하며, 대상자가 편안하게 생활할 수 있게 도우려는 접근법 또한 무척 중요하다고 생각한다. 따라서 엄격한 의학적 판단 기준에 따라 이 책의 핵심 키워드인 '발달장애'에 해당하지 않거나 그러한 경향이 있다고 간주되는 '그레이 존'에 속하거나, 혹은 의료기관으로부터 진단을 받지 않았다 하더라도, 이 '발달장애 특성'을 기준으로 자신을 살펴볼 필요가 있다. 이 덕분에 자기 자신을 재평가하고 쉽게 이해할 수 있다면 발달장애 특성을 핵심 키워드로 삼는 것은 충분히 의미 있는 일이 될 것이다.

그러니 부디 편안하게 살고 싶다는 마음으로 읽어주길 바란다. 이 책은 사회 속에서 자신을 싫어하지 않고 잘 다스리며 살아갈 수 있다는 희망을 전하고자 만들어졌기 때문이다.

물론, 최근에는 '발달장애'라는 용어가 지나치게 남용되는 경향에 이의를 제기하는 사람도 있다. 확실히 일리 있는 말이라고 생각한다. '발달장애'라는 단어만 듣는다면 섣부른 오해나 편견을 불러와 나와 주변 사람들 모두에게 좋지 않은 영향을 미칠 수 있기 때문이다. 또, 아무 생각 없이 누군가를 '발달장애인'이라고 구분짓는다 해도 마음 놓고 생활할 수는 없다.

'발달장애'에 붙은 무분별한 이미지가 아무런 도움도 되지 않는 건 사실이지만, '일반론적인 발달장애'만을 이해해서도 안 된다. 자신의 발달장애 특성은 무엇인지, 자신이 속한 환경 속에서 장애 특성이 어떠한 영향을 미치고 있는지를 모른다면 의미가 없다.

즉, 발달장애 진단을 받았더라도 그 특성이 겉으로 드러나는 환경이나 상황이 각자 다르므로 그로 인해 괴로운지, 어떻게 괴로운지 역시 달라진다. 그러므로 단순하게 일반적으로 이해하지 말고 자신이 처한 환경이나 상황을 파악한 뒤 자기 자신을 적절하게 이해해야 한다. 그래야만 비로소 발달장애 특성을 인식하는 의미가 있다고 할 수 있다.

이러한 것이 가능해진다면, 나와 주변을 의미 없이 탓하는 일을 그만두고 잘 지내기 위한 구체적인 방법을 떠올릴 수 있게 된다. 그런 다음, 주변에 자신을 제대로 설명하고 적절한 이해와 지원을 요구할 수 있게 된다.

여기서는 발달장애 특성이라는 관점에서 자신을 다시 파악함으로써 내가 나를 제대로 이해하고 다른 사람에게 나를 설명할 수 있어야 한다는 점이 중요하다.

그러므로 이 책은 엄격한 의학적 진단을 바탕으로 특성을 분류하기보다 사회·심리적인 입장에서 일상생활 속에서 장애 특성이 어떠한 상황을 야기하는지, 어떻게 해야 사회, 특히 회사에서 편하게 생활할 수 있는지 연구한 내용을 이야기하고자 한다.

발달장애 특성이 우울증의 원인일까?

최근, 우울증 환자가 계속 증가하고 있다. 개중에는 '발달장애 특성' 때문에 다양한 일상생활, 또는 직장생활을 제대로 영위하지 못하고 스트레스를 느끼다가 우울증이 발현되는 경우가 심심찮게 보인다.

일반적으로는 답답함 등 심신의 상태에 이상을 느껴 의료기관을 방문하면 의사가 증상에 적합한 약을 처방하면서 치료가 시작된다. 이를 약물치료라고 한다. 이러한 약에 의한 효과와 더불어 휴직 등을 통해 스트레스의 원인stresser으로부터 일시적으로 해방되면 증상의 경감을 꾀할 수 있다.

그러나, 상태가 호전되어 복직해도 금세 똑같은 증상이 재발해 휴직하는 경우가 적지 않다. 결과적으로 휴직과 복직을 끊임없이 반복하게 된다. 그러므로 증상 그 자체의 호전뿐 아니라 심신의 난조가 일어나는 배경이나 경위를 되짚어보고, 같은 선례를 밟지 않도록 전략을 세워야 한다.

최근에는 우울증 발병의 배경이나 경위 중에 발달장애 특성 때문에 스트레스를 받는 경우가 많다. 열심히 노력해도 좀처럼 업무 성과를 내지 못 하거나 주변의 요구에 부응하기 위해 생각보다 훨씬 많은 시간과 에너지를 소비하는 일이 예상보다 더 큰 스트레스로 작용해 지치는 것이다. 이러한 일상이 반복되면 스트레스로 인해 우울증이 재발하거나 만성(장기화)으로 이어진다고 본다.

물론, 우울증처럼 정신 건강 상태가 좋지 않은 사람들이 모두 '발달장애 특성'을 가지고 있는 건 아니라는 사실을 강조할 필요가 있다. 그러나, 일단 증상이 호전되었어도 얼마 지나지 않아 이전과 똑같이 상태가 안 좋아지거나 결과적으로 휴직과 복직을 반복하기도 하고, 회사에서 업무를 제대로 처리하지 못하는 이유를 아예 모를 수도 있다. 이러한 현상에 짐작 가는 바가 많다면, 자신을 '발달장애 특성'의 관점에서 다시 판단해 보기를 바란다. 어쩌면 그것이 나를 적절히 이해하고 우울증의 회복과 예방을 위한 길을 만들 수 있을지도 모른다.

성향이 아닌 뇌의 문제라면?

'발달장애'에 대한 기본적인 내용을 다시 확인해 보자. 이 책에서 말하는 '판단이 두렵다'라고 느끼는 사람 중에는 남들과는 달리 쉽게 처리하지 못한다고 느끼는 '미숙한 점'을 가진 사람이 있을 수 있다. 어릴 적에 부모님이나 선생님이 열심히 하면 된다고 격려하거나, 혹은 할 생각이 없는 거라며 혼냈을 수도 있다.

본인도 처음에는 더 열심히 하면 된다는 생각에 남몰래 열심히 노력했을 수도 있다. 하지만, 그래도 결과가 좋지 않으면 내가 열심히 하지 않아서, 또는 실패한 본인이 나쁜 거라며 자책하기도 하고 부모나 선생님의 질타와 격려에 싫증을 느끼거나 자포자기 했을지도 모른다. 그러나, 지나치게 본인을 탓하거나 나쁘게 생각할 필요는 전혀 없다.

'발달장애'란 타고난 뇌의 다양한 기능 발달에 관한 장애를 말한다. 그리고, '발달장애 특성'은 발달장애로 인해 인지와 행동에서 나타나는 특징적인 기능을 가리킨다.

널리 사용되는 말이지만 사실 '발달장애'는 하나의 질환이 아니다. '자폐 스펙트럼 장애', '주의력 결핍-과잉행동장애', '학습장애' 등을 총칭한다. 이 책에서는 주로 '자폐 스펙트럼 장애'나 '주의력 결핍-과잉행동장애'에 의한 장애 특성을 가진 사람을 기준으로 설명하고자 한다.

우리의 뇌는 보고 듣고 말하고 쓰는 기능, 생각하는 기능, 감정을 지배하는 기능과 같이 실로 복잡하고 다양한 기능을 구현하는 컴퓨터다. 생각하는 기능을 예로 들어보자. 그 안에는 논리적·과학적 사고가 있는가 하면, 상상이나 짐작을 하는 사고도 있다. 사람의 얼굴이 모두 다 다르듯, 뇌의 복잡한 기능 또한 조금씩 특성이 있다. 사람은 태어난 이후로 그 개월 수나 나이에 따라 뇌기능이 발달하고 각각의 특성을 형상화해 간다. 이것을 '성격'이나 '개성'이라 불리기도 한다.

'발달장애'는 이러한 뇌 기능의 불균형한 발달이 태어날 때부터 두드러져 사회생활에 여러 가지 어려움을 초래한다. 태어났을 때부터 뇌 기능이 불균형하게 발달하므로 기본적으로 그 특성은 어렸을 때부터 가지고 있다. 그러나 특성의 정도가 낮다면 주변 환경에 따라 눈에 띄지 않거나 큰 문제로 이어지지 않기도 한다. 또한, 본인이 어려워하는 일도 오랜 시간을 들여 다른 사람과는 차별화된 나만의 방법을 만들어 내기도 한다.

즉, 발달장애는 '특성의 정도와 환경'에 따라 눈에 띌 수도, 띄지 않을 수도 있다. 미숙한 기능뿐 아니라 남들보다 훨씬 뛰어난 기능을 가지고 있기도 하고, 어떤 환경에서는 '부족함'으로 드러난 것이 다른 환경에서는 다른 사람들보다 훨씬 뛰어난 것, 혹은 '재능'으로 평가받을 수도 있다. 사람은 환경에 따라 요구되는 것이나 필요한 기능이 달라지기 때문이다.

이 책의 이해를 돕기 위해 영국의 아동 정신과 의사인 로나 윙 Lorna Wing이 정의한 '자폐 스펙트럼 장애'의 '세 가지 장애'에 대해 설명하기로 한다. 세 가지 장애란 '사회성', '커뮤니케이션', '상상력'을 가리킨다.

'사회성'이란 학교나 가정에서 책상 앞에 앉아 확실하게 학습할 기회가 없어도 자연스럽게 몸에 익히는 '사회적으로 타당한 개념이나 행동'을 가리킨다. 좋고 나쁨, 옳고 그름과 같은 구분이 명확하지는 않지만, 일반적으로 감각을 통해 익힌다. 손윗사람에 대한 태도, 직장에서의 행동과 같은 것이 이러한 '사회성'에 해당한다고 할 수 있다.

'커뮤니케이션'은 말이나 표정, 몸짓, 말에 담긴 의미 등을 상대로부터 읽어내거나 자신이 상대방에게 표출하는 일이다.

'상상력'은 눈에 보이지 않는 것을 상상하는 일이다. 앞날을 예측하거나 관철하는 일, 짐작하기, 배분하기와 같은 일에도 꼭 필요하다고 여겨진다. 그러나 보이지 않거나 확실하지 않은 일을 상상하기 어렵다면 오히려 보이는 것에 대해 집착할 수 있다. 특정 사물을 수집하면서 안정을 찾는다거나 변화를 좋아하지 않고 같은 행동을 반복하려 하는 등의 '집착' 또한 이러한 '상상력' 장애로부터 발생한다고 여겨진다.

그렇다면 이러한 세 가지 장애는 회사 생활에 어떠한 영향을 미칠까? 예시 상황을 살펴보자.

> "회사에서 심각하게 논의를 하고 있었는데, 무심코 내가 자신 있어 하는 화제를 입에 올리고 말았다. 그 이야기만 일방적으로 계속했더니 상사가 상황 파악을 하라며 주의를 주었다. 하지만, 상사의 지적에 '회의 내용에는 관심 없다'라고 말해 버렸다."

이러한 일련의 행동은 일반적인 견해로 보자면 '고집스럽다', '거만하다'와 같은 평가를 받을지 모른다. 그러나 분석해보면, (상상력 장애가 만들어 낸) 관심 있는 주제에 대한 집착, 상사에게 부적절하게 대응한 사회성 장애애 회의 분위기를 파악하지 못한 커뮤니케이션 장애와 같은 특성이 복합적으로 작용했다고 볼 수 있다.

예시가 다소 극단적이었지만, 이렇게 주변 사람들의 논의는 시시하고 내 논리가 타당하다고 강하게 주장하는 유형의 사람은 거만하다고 평가받기 쉬운 게 사실이다. 이들은 앞선 예와 마찬가지로 다른 사람의 입장이나 상황을 상상하는 능력이 떨어져 자신의 입장에서만 보거나, 내 생각만 인정하는 사회성을 가지고 있

을 수도 있다. 그렇다면, 이러한 사람도 '발달장애'일까? 애초에
'발달장애'를 '발달장애인지 아닌지' 명확하게 나눌 수 있을까?

발달장애와 정형발달

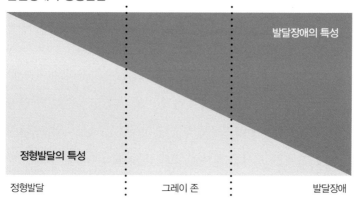

발달장애의 특성

정형발달의 특성

정형발달　　　　　　그레이 존　　　　　　발달장애

『어른의 발달장애를 진단한다는 것大人の発達障害を診るということ』(아오키 쇼조, 의학서원) 일부 발췌

　'발달장애'에 대응되는 개념은 '정형발달'이다. '정형발달'은
기어 다니거나 사물을 붙잡고 일어서기, 말문 트기, 감정 표출, 놀
이법 등 태어났을 때부터 개월 수, 나이에 따라 '발달의 일반적인
기준을 대체로 만족하는 발달'이라는 의미다. 그러나 사실 '발달
장애'와 '정형장애' 모두 딱 잘라 구분하기는 어렵다. '발달장애'
와 '정형장애'는 위 그림과 같이 양쪽 끝에서 출발해 그 비율이
줄어들면서 서서히 교차하는 까닭이다.
　그림의 오른쪽 끝은 '발달장애의 정도'가 강하다. 대개 영유아
기에 진단을 받아 치료가 시작되는데, 왼쪽으로 이동하면서 그
정도는 조금씩 줄어든다. 그리고 가운데 부근에 이르러 정형발달

의 특징과 그 비율이 반반이 된다.

그림의 가운데는 정형발달의 특성과 발달장애의 특성이 비등한 탓에 앞서 설명한 대로 환경이나 상황에 따라 문제가 겉으로 드러나기도 하고 감춰지기도 한다. 이 부근을 이른바 '발달장애 그레이 존'이라 하는데 최근에는 '숨겨진 발달장애' 등으로도 불린다. 그러나 그레이 존이라고 해서 괴로움이 적은 것이 아니다. 오히려 자기를 이해하지 못하거나 주변으로부터 오해를 사기도 하며 필요한 도움을 받지 못해 훨씬 고통스러워하기도 한다.

이 책에서 말하는 '판단이 두렵다'라고 생각하는 사람의 대부분은 이러한 그레이 존에 속한 사람일 가능성도 크다. 그래서 이 책은 오히려 명확하게 진단을 받은 건 아니지만, 발달장애의 특성 경향이 있다고 여겨지는 사람을 기준으로 집필하였다.

이 책에서 '발달장애인', '발달장애 특성이 있는 사람'이라는 표현이 나오면, 진단을 받은 사람뿐 아니라 발달장애 특성의 경향을 보이는 사람, 그 특성이 짐작되는 사람도 포함해 일컫는 것으로 이해해주길 바란다.

제2장

판단이
두렵다는 생각은
어디에서 오는가

다시 '판단이 두렵다'라는 생각으로 돌아가자. 이 책을 읽고 있는 사람 중에는 두렵다는 느낌이 잘 이해되지 않는 사람이 있을 수 있다. 내 마음을 아는 일은 그렇게 간단하지 않다. 내 감정이니 누구보다 내가 제일 잘 안다고 생각할 수도 있겠지만, 사실 그렇지도 않다.

감정은 눈에 보이지 않고 만질 수도 없으며 일일이 숫자로 표현할 수도 없다. 그리고 기쁨이나 슬픔처럼 하나씩만 느껴지지도 않는다. 기쁘지만 어딘가 허전하고, 차분해 보이지만 사실은 매우 화가 난 것처럼 다양한 감정이 뒤섞여 있기도 하다. 혹은, 분노, 슬픔, 증오 등 부정적인 감정을 느끼는 건 바람직하지 않다는 의식에 지배되어 본심을 억누르고 아무것도 느껴지지 않는 것처럼 자신을 속이기도 한다. 때로는 자신을 향한 분노가 방향을 바꾸어 부모나 상사, 조직, 사회로 강하게 표출되기도 한다.

이처럼 표현의 형태는 어떻게 바뀔지 모른다. 그러므로 '생각'이나 '감정'이라 부르는 것을 일반적인 방법으로는 다루기 힘들다. 내 감정을 파악한다는 것은 우선 스스로가 자신의 감정을 깨달아야 하므로 생각보다 어렵다.

물론, 자신의 기분을 몰랐다고 해서 아무 감정도 들지 않는 건 아니다. 나도 모르는 새에 스트레스를 느끼게 되고 이유 없이 금세 지치거나 주체할 수 없는 화가 불쑥 치밀어 오르기도 하고, 갑자기 눈물이 펑펑 쏟아지거나 잠을 설치거나 의욕이 사라지는 등 자신을 통제할 수 없는 상황이 발생하기도 한다.

사실, 발달장애인은 자신의 감정을 파악하기 어려워하는 경향을 보인다. 그러므로, 힘들거나 싫다는 감정을 깨닫지 못해, 괴롭다는 생각 자체를 안 하게 되는데, 이러한 자신의 상태를 깨닫지 못하는 사이에 건강이 나빠지게 된다. 그러므로, '나는 판단이 두렵지 않다'고 생각하는 독자 중 일부에게서는, '두려움'이라는 감정이 분노, 우울, 피로 등 다른 형태로 다양하게 나타나고 있을 수 있다. 이러한 괴로운 감정을 느끼는 사람들도 부디 자신의 문제로 여기고 이 책을 읽어주길 바란다.

'판단'이 이루어지는 과정

'판단' 행위 속에는 실로 다양한 사고의 과정이 포함되어 있다. 그렇기에 적절하게 판단하고 싶어도 무엇을 어디서부터 손을 대개선하거나 훈련해야 좋을지 모를 수 있다. 그렇다면, 판단하기 위해서는 도대체 어떠한 사고의 과정을 거쳐야 할까?

'판단'이라는 건 무언가를 결정한 결론이다. 그러나, 결론은 지레짐작이나 직관이 아니라 반드시 '사고 과정'을 거쳐 내려야 한다. 그리고 이 사고 과정은 설명할 수 있어야 한다. 회사에서 내리는 결론이라면 반드시 설명이 필요하고, 이러한 설명까지 책임을 져야 한다. 물론, 모든 판단이 치밀한 논리에 따라 성립되거나 데이터를 기반으로 내려진다고는 볼 수 없다. 업무적으로 '직관적인 판단'을 내리는 일도 많다고 한다. 그러나, 이는 방대한 경험과 사고를 통해 키워진 신속한 사고 과정이 흡사 '직관'처럼 느껴질 뿐이지, 정말로 눈을 딱 감고 운에 맡기는 판단을 내리는 건 아니다.

이 책에서는 사고 과정을 세 가지 단계로 나누어 살펴보고자 한다. 우선, 첫 번째는 '정보의 입력(인풋)'이라는 단계이고, 그다음으로 '정보의 처리' 단계, 그리고 마지막이 '정보의 출력(아웃풋)' 단계다.

'적절한 판단'을 원할 때, 대부분은 세 가지 중 마지막 단계인 '정보의 출력'이 제대로 이뤄지지 않는다고 생각한다. 그래서 '적절한 표현', '뛰어난 설명'과 같은 부분만 신경을 쓴다. 하지만, '정보를 출력(아웃풋)'하려면 애초에 적절하게 정보를 '입력'하고 이를 '처리'하는 능력이 필요하다. 정보를 출력하는 일만 생각한다면 머릿속은 무슨 말을 해야 좋을지 몰라서 혼란해지므로, 상대방의 말(정보)을 듣지 않게 된다. 상대방의 말을 냉정하게 들을 수 없다면 '정보가 입력'되지 않는 셈이니 당연히 정보를 제대로 처리할 수 없다. 그러므로, 당황해서 정보를 '출력'하는 일만 생각하지 말고, 우선은 '정보 입력' → '정보 처리' → '정보 출력', 이 세 가지 단계를 하나씩 밟아 나가야 한다는 사실을 이해해야 한다.

지금부터는 발달장애의 특성을 생각하면서 이 세 가지 단계에서 유의해야 할 점을 알아보기로 한다.

1단계, 정보 입력(인풋)

가장 중요한 단계다. 이 단계에서 정보가 부족하거나 편중되어 있으면 정보를 적절하게 처리할 수 없다. 앞서 말한 것처럼 '정보 입력' 단계에서 '정보 출력'만 신경 쓰면 입력에 집중하지 않는 경우가 생기기 때문이다. 즉, 상대방의 이야기가 끝나지 않았는데 이미 대답을 생각하는 것이다. 그러므로 '정보 입력'은 일단 침착하게 들어야 한다는 사실을 떠올리며 차분히 마음을 가라앉힌다.

일반적으로 회사에서는 지시 내용이나 상황 설명 등의 정보를 구두나 문서, 이메일 등의 글로 입력한다. 일대일로 지시하거나 설명하기도 하고, 여럿이 모이는 조례나 회의처럼 화제가 계속 바뀌는 가운데 이야기가 진행되기도 한다. 그러나 발달장애 특성이 있다면 일대일이든 여러 명이든, 또는 회의든 간에 다른 사람의 이야기를 필사적으로 들으려고 해도 이야기를 놓치는 일이 자주 생긴다.

제3장에서도 '작업 기억'을 설명하겠지만, 정보의 입력은 주로 귀로 듣는 정보(청각 정보)와 눈으로 보는 정보(시각 정보)가 있

는데 발달장애의 특성을 가진 사람은 둘 중 하나의 능력이 떨어진다고 한다. 특히, 진료와 치료의 현장에서는 청각 정보의 수집이 어렵다는 이야기를 자주 접할 수 있다.

청각에 의한 정보 입력이 어렵다 보니 말로 전달되는 내용을 쫓아가지 못해 정보가 빠졌다고 느끼게 된다. 놓치지 않고 메모하려고 해도 중요한 키워드를 취사선택하거나 요점을 바로 파악하지 못하므로 일일이 기록하다가 이번에는 쓰기에만 몰입해 듣지 못하는 사태가 벌어진다. 또, 아무리 필기 속도가 빨라도 말하는 속도는 따라갈 수 없으므로 결국 전부 메모할 수 없다. 그러므로, 청각 정보의 입력이 어려운 사람에게는 문서와 이메일 등 글자로 적힌 지시와 설명이 파악하기 쉽다고 할 수 있다.

다만, 개인적인 임상 경험에 비추어 봤을 때, 청각 정보의 입력이 어려운 사람이 문서만으로 정보를 쉽게 이해한다고 보기는 어려운 듯하다. 물론, 문서는 본인의 페이스대로 읽을 수 있고, 몇 번이고 다시 읽을 수 있으니 확실한 형태로 정보를 입력할 수 있다. 그러나, 아무래도 딱딱한 문체로 적혀 있고 구체적이고 상세하지 않은 의도가 행간에 숨겨져 있다는 점에서 업무의 지시나 내용에 관련된 이미지를 쉽게 떠올릴 수 없다. 표면적인 뜻은 이해했지만, 업무적으로는 하나도 머릿속에 들어오지 않아 무슨 말인지 잘 모르게 될 수 있다. 이 경우 문장으로 적혀 있어도 정보가 충분하게 입력되지 않는다.

따라서 문장화 · 도식화된 정보를 눈으로 보며 개요를 파악하고, 나아가 짧은 시간이라도 좋으니 구두로 설명을 듣거나 그 자리에서 모르는 점을 질문하며 업무의 구체적인 이미지를 이해할 수 있도록 보완하는 것이 가장 좋다. 귀찮을 수도 있지만, 첫 단계인 '정보 입력'에서 정보를 빠뜨리지 않거나 제대로 이해하는 일은 원활한 업무 수행을 돕고 혹시 모를 문제 역시 피할 수 있다. 따라서, 이 단계는 매우 중요하다.

만일, 상사가 문장으로 지시하기 어려운 상황이라면 구두 지시 사이사이에 메모할 시간을 확보하거나, 나름의 순서와 핵심 요소를 항목별로 작성해 이를 상사에게 확인받는 방법도 좋다. 다만, 이 과정에서 시간이 너무 지체되어서는 안 된다. 단순히 지시 내용을 확인하는 데만 1~2주가 걸린다면 진즉에 시작되었어야 할 업무 시간이 밀리게 되므로, 상사는 그동안 아무것도 진행되지 않았다고 생각하게 된다. 업무 내용에 따라 다르겠지만, 지시 내용은 대개 하루나 이틀 사이에 확인을 끝내는 게 바람직하다.

또 하나의 핵심은 '부분'에만 집착하지 말고 '전체'의 정보를 입수하는 일이다. 발달장애는 '부분'에서 '전체'를 추측하는(상상하는) 일이 어려우므로 세세한 '부분'에 주의를 기울이기 마련이다. '전체'의 상황이나 상태를 잘 모른 채 일을 시작한다면 '부분'에 매몰되어 본론을 잊어버리고 세세한 부분에만 집착하며 깊이 파고들거나 중요하지 않은 사소한 부분을 지나치게 확대할 수도 있다. 그러나, 본인은 그러한 상태를 잘 알아차리지 못한다. 상사와 업무 내용을 확인할 때는 그 업무의 필연성, 목적, 다음 업무 등의 전체적인 모습을 이해 · 확인해야 하는 이유이다.

'고객 명부 작성'이라는 업무를 예로 들어보자. 대상이 되는 사람의 정보를 들었다 하더라도 명부를 작성하는 이유나 활용 계획, 최종 형식 등을 이해하지 못하면 항목의 종류나 수, 작업 속도 등을 적절하게 고려할 수 없다. 그러므로, 상사에게 작업 내용을 확인하여 되도록 그 업무의 전체적인 모습을 파악해야 한다. 물론 작업의 목적, 내용과 순서, 결과가 사전에 명확하게 정해져 있지 않아 기준부터 직접 생각하는 것 자체가 업무인 경우도 많다. 그렇다 하더라도 상사와 조직이 그리는 목표를 확인해 방향성이 어긋나지 않도록 정보를 입력해야 한다. 그렇지 않으면 열심히 생각해 낸 성과물이 원래 지시했던 것과 다르다는 소리를 들을 수 있다.

업무를 시작한 후에도 '부분'과 '전체'의 정보를 파악해야 한다. 주변 사람들과 진척 상황을 확인하거나 '다른 사람의 움직임'을 파악해 정보를 갱신해야 한다. '정보를 갱신'하는 일은 업무의 방향성을 정하거나 궤도를 수정하는 데 도움이 되기 때문이다. 이때 일어나는 다른 사람과의 상호작용을 이른바 '정보 교환'이라 부른다. 즉, '정보 입력(인풋)'은 시작할 때뿐 아니라 업무 중간중간에도 전반적인 상황을 보며 재검토하고 '정보를 수정'하거나 '업무를 검증'하는 일이 필요하다. 지금 하는 업무가 올바른 방향으로 가고 있는지 객관화하거나, 다른 사람의 상황에 관한 정보를 주변으로부터 수집하거나 진척 상황을 상사 등에게 확인하는 식이다. 이것이 바로 '보고·연락·상담'이다. 자세한 설명은 제4장에서 하겠다.(72쪽 참고)

2단계, 정보 처리

'정보 입력(인풋)'으로 얻은 정보를 머릿속에서 처리하는 단계다. '처리'라는 단어가 이해하기 힘들다면, 습득한 정보를 '생각하는 방법', '수용하는 방법', 또는 '업무 순서를 정하는 방법'으로 바꾸어도 뜻은 통한다. 정보의 처리는 그때그때의 업무나 그 목적에 따라 달라지므로 이렇게 했으면 좋겠다는 일률적인 방법은 없다. 그러나 몇 가지 유의점을 미리 알아둔다면 업무 결과가 잘못되는 일이나 주변 사람들과 불화가 생기는 일을 미리 방지할 수 있다.

첫 번째로는 사전 준비에 걸리는 시간에 유의해야 한다. 어떠한 업무를 계획할 때, 그에 관한 자료와 관련 정보를 수집하는 일에 시간을 너무 많이 허비하는 경향이 있기 때문이다. 발달장애 특성이 있으면 업무 파악이 쉽지 않고, '일을 잘못해 실패하고 싶지 않다'라는 불안이 맞물려 사전 준비에 많은 시간을 잡아먹게된다. 또한, 한 번 조사하기 시작하면 쓸모없는 부분까지 알아보거나 깊게 파고들기도 하고, 본래의 목적을 잃은 채 아무 자료나모으는 데 시간을 허비하기 쉬우니 조심해야 한다.

이 업무는 아직 필요한지, 전체 업무가 100이라면 지금 어디까지 했는지 파악하게 돕는 핵심 문장을 책상 앞에 붙여두고 일을 시작하기 전에 확인한 다음, 원래 업무로 돌아가거나 업무를 전체적으로 다시 확인하는 것도 하나의 방법이다. '○일까지 사전조사를 끝낸다'처럼 일정을 미리 정해도 좋다.

하지만, '집착'이나 '미숙한 행동 전환'이라는 특성 때문에 크게 중요하지 않다는 사실을 알고 있어도 본인이 알고 싶은 범위나 내용을 꼭 확인해야만 직성이 풀리는 어려움을 겪기도 한다. 행동에 제동을 거는 일은 무척 어렵겠지만, 본인이 쉽게 '집착'하고 '행동을 전환하는 일이 미숙'하다는 사실을 이해한다면 '또 시간이 많이 지체되었을지 모른다'는 사실을 깨닫고 상사와 상담하거나 주위의 진척 상황을 확인해 업무 방향을 수정할 수 있다.

다음으로는 정보의 정리에 유의해야 한다. 머릿속의 정보가 흩어져 있으면 정리할 수 없기 때문이다. 정보를 정리할 때는 전체를 이해해야 한다. 여기서도 앞 단계인 '정보의 입력'에서 이야기한 '전체'와 '부분'이 키워드다. 개요와 개략을 이해하고 업무의 전체적인 모습을 파악한다.

업무를 의뢰하는 사람은 일부 내용이나 순서만 설명하기도 한다. 의외로 말하지 않아도 알 거라 생각해 전체적인 이미지나 사전에 필요한 작업을 언급하지 않는 일이 흔하다. 그러나, 상상력 부족이라는 특성이 있다면, 앞의 맥락을 제대로 파악하지 못해 자신이 해야 할 업무를 제대로 이해하지 못하게 된다. 자칫 자신의 방식대로 진행해 기대했던 업무와 차이가 발생할 위험성도 있다. 또한, '전체'를 파악하지 않고 업무를 시작하면 매우 사소한 것까지 집착하게 된다. 전례, 또는 이전 자료가 있다면 개요를 잡는 데 참고하자. 단, 이전 자료를 수집하는 데 시간을 허비하지 않도록 유의해야 한다.

한편, '부분의 이해'는 바꿔 말하면 '구체적인 이해'라는 뜻이다. 이를 위해서는 전체적인 이미지를 떠올려본 다음, 전체 순서

중 내 업무의 위치를 이해하고 구체적인 행동을 세워야 한다. 이때, 업무에 가장 최적화된 분량이나 방법, 납기를 확인하고 업무의 진행 방법을 떠올려야 한다. 특히 나도 모르는 사이에 계획이 커져 작업 분량이 늘어나는 일은 경계해야 한다. 물론, 그만큼의 수고를 들여야 할 필요성이 명확하다면 상관없지만, 사소한 내부 자료라던가, 잠정안, 보조 자료임에도 불구하고 업무 순서를 지나치게 많이 배치하는 일은 적절하지 않다. 그 자체는 훌륭할지 모르지만, 가성비가 맞지 않는 말도 안 되는 업무로 평가받을 위험이 생기기 때문이다. 업무에 시간을 무한정 쓸 수 없으니 어떤 순서에 어느 정도의 시간과 노력을 들일지 기준을 잡을 필요가 있다.

여기서 기준을 잡을 때도 상상력이 필요하다. 업무의 목적, 활용 가치, 니즈^{needs}, 비용 등 다양한 요소를 가미해 '대체로 이 정도가 타당'할 것이라는 업무 분량을 떠올리는 일은 상상력의 활용 중에서도 매우 난도가 높은 작업이다. 업무 계획이 타당하지 않으면 완벽하게 노력하고 있음에도 불구하고 시간을 허비한다는 평가를 받게 된다. 이러한 차이는 나와 주변 사람들 모두 불만이 쌓이게 돼 인간관계가 심각하게 악화될 수 있으니 주의가 필요하다.

3단계, 정보 출력(아웃풋)

다음은 정보의 출력이다. 많은 사람들은 어떻게 설명해야 할지 모르겠다거나 제대로 전달하지 못하겠다며 걱정한다. 이해하기 쉽게 말하는 노하우를 설명하는 책은 많지만, 여기서는 발달장애의 특성을 전제로 '상대가 이해할 수 있도록 설명하는 방법'의 핵심을 몇 가지 소개한다.

　- 주어를 지나치게 생략하지 않기

　어제 회사에서 벌어진 'A 씨가 B 씨에게 ○○라고 말했는데, B 씨가 이 말을 듣고 곤란해하던 찰나, 이를 본 C 씨가 A 씨에게 항의했다'라는 상황을 설명한다고 치자. 자신의 머릿속에서는 A, B, C가 모두 등장해 그들이 어떤 순서로 행동했는지 그려지고 있으므로 "○○라고 말했는데, 안 되겠다 싶어서 항의했다."와 같이 등장인물(주어)을 생략하고 말하기 쉽다. 그러나, 상황을 전달받는 사람은 어떤 상황에서 누가 무슨 말을 한 것인지 모르기 때문에, 무슨 소리를 하는지 전혀 알 수 없게 된다.

　제삼자에게 설명할 때는 상대방에게 아무런 정보가 없다는 사실을 생각하며 정보를 선택해야 한다. 상상력이 부족하면 아무래도 자신의 머릿속에 있는 것을 전제로 이야기해버리므로 이해하기 어려운 설명이 된다. 상대방이 이해할 수 있도록 이야기하기 위해서는 자신의 머릿속에 당연히 있는 '누가', '무엇이'라는 주어를 제대로 설명해야 한다는 점을 잊어서는 안 된다. 글로 적을 때도 내가 알고 있는 사실을 생략해버리곤 하는데, 이때도 마찬가지다.

　- 설명에 필요한 경위나 상황을 생략하기

　생각이나 상황을 설명할 때는 반드시 그 배경과 경위가 있기 마련이다. 이러한 것을 전부 생략하면 마지막 결론만 전달하게 된다. 그러나, 이것만으로는 상대방이 납득하거나 이해하기 어려우므로 결론에 도달하기까지의 상황이나 경위, 그리고 이를 어떻게 생각했는지를 함께 전달할 필요가 있다.

때로는 설명이 길어진다. 시간에 따른 경위를 전부 이야기하려다 보니 아무래도 '먼 과거의 상황'부터 설명을 시작하기 때문이다. 여기에 앞서 언급한 '주어를 생략하는' 경향이 더해지면, '설명은 긴데 상황이 잘 이해되지 않는 상황'이 되기 쉽다.

설명할 때는 연속성이 있는 경위에 선을 긋고 상대방이 이해하는 데 필요한 만큼의 내용을 떼어 내어 이야기해야 한다. 그러나, 경위를 어디서부터 어디까지 잘라야 할지 모르다 보니 무심코 필요 없는 부분까지 포함해 이야기하게 되는 것이다. 경위를 적절하게 생략하기 어려운 건 기준이 애매할 때 그 '과정'과 '정도'를 파악하기 어려워하는 특성과 매우 비슷하다.

경위나 상황을 적당하게 생략할 때 대단한 방법은 필요 없다. 다만, 한 가지 요령을 말하자면 먼 과거의 경위나 상황부터 이야기하지 말고 먼저 결론을 전달한 다음, 지금과 가까운 경위와 상황부터 설명해야 상대방이 이해하기 쉽다는 것이다. 다음의 ①과 ②를 비교해보자.

① 재작년 10월에 부장님이 업무 방침을 발표했다. 그래서 다들 허둥대다가 결국 내가 부서를 이동하게 되었다. 애초에 자신 있는 업무도 아니었다. 그런데, 옆 부서의 A 씨가 인

사이동 전의 업무에 대해 이런저런 질문을 한다. 열심히 하고는 있지만, 오늘까지 전달해야 하는 자료는 보내기 어려울 거 같다.

② 오늘까지 제출할 예정이던 자료가 완성되지 않았다. 그러니, 기한을 1주일 더 연장했으면 좋겠다. 사실, 인사이동 전 부서의 업무에 대해 A 씨로부터 가끔 문의가 들어와 이전 업무도 병행해서 하다 보니 당초 계획보다 자료 작성이 늦어졌다. A 씨의 부서는 재작년에 부장님 지시로 긴급 업무 개혁이 이뤄졌는데, 그로 인해 큰 혼란에 빠진 것 같다.

①은 자신의 머릿속에 있는 '부장이 지시함 → 모두가 혼란에 빠짐 → A 씨도 혼란에 빠짐 → A 씨가 질문을 자주 함 → 자신의 업무가 마비 → 시간 연장이 필요'라는 흐름대로 이야기했다. 그러나, 듣는 사람은 갑자기 부장의 지시에 관한 이야기부터 시작하니 가장 이야기하고 싶은 주제(테마)를 파악하는데 많은 시간이 걸린다. 머릿속으로 계속 물음표를 떠올리며 듣다가 마지막의 마지막에 가서야 겨우 하고 싶었던 말을 파악하게 된다.

한편, ②는 상대방이 처음부터 '그 자료에 관한 이야기다 → 납기가 늦어진다'는 주제를 밝힌 다음, 왜 늦어지는지에 대한 생각으로 이어진다. 그리고, '부서를 이동하기 전 부서의 A 씨로부터 종종 질문을 받는다 → A 씨나 이전 부서 모두 갑작스러운 부장의 지시로 업무가 바뀌어 혼란에 빠졌기 때문이다'와 같이 왜 늦어지냐는 의문에 대답하는 듯한 형태로 이야기가 진행되기 때문에 상대방이 생각의 흐름에 따라 이해하기 쉽다.

이 예시는 비즈니스 서적 등에서 자주 '결론부터 먼저 말하라'라고 말하는 이유이기도 하다. 그러나, '결론'만 딱 잘라 말하는 것이 중요하지 않다. '결론'을 먼저 말함으로써 주제(하고 싶은 말)를 먼저 파악한 다음 그 상세한 내용과 이유를 알 수 있듯 상대방의 생각에 따라 정보를 제공한다는 사실이 중요하다.

다만, '결론'을 지나치게 의식하면 전부 단정적인 '결론'으로 들려 상대방에게 이의를 제기하기 어려운 인상이나 오해를 줄 수도 있으니 주의가 필요하다. 처음에 이 기한 내에 줄 수 없다고 결론부터 말한 뒤 A 씨가 내가 이전에 맡았던 업무에 대해 빈번하게 질문하므로 시간이 지체되었다며 뒤에 이유를 덧붙이면, 처음에 줄 수 없다고 확실하게 표현한 탓에 다른 의견을 제시하기 어렵다는 인상을 심어준다는 말이다. 상대방에게 어떠한 일을 타진해달라고 하거나 부탁하거나 상담하는 단계에서는 확실하게 '정해진 결론'으로 들리지 않도록 전달할 줄 알아야 한다.

그러므로, 결론 대신 '하고 싶은 말에 대한 주제'를 처음에 밝혀 말한다고 이해하는 편이 적절하다. 업무의 기한을 지키기 어려울 것 같으니 상담이 필요하다고 말하는 것처럼 말이다. '결론'을 던지는 게 아니라 이 사람은 어떤 이야기를 하기 시작했는지, 무엇에 관한 이야기를 나누고 싶은 건지를 상대방이 처음부터 알 수 있게 해야 상대방이 이해하기 쉬워진다. 이러한 점에 유의하여 시도해보길 바란다.

'판단이 두려운' 14가지 상황들

그렇다면 구체적으로 어떤 장면에서, 어떤 일이 일어날 때 판단이 두려워질까? 판단하는 일과 관련된 다양한 직장 내 상황을 가정해 당사자의 관점에서 표현했다. 이중에서 내가 두려움이나 막막함을 느낀 경우가 있는지 살펴보자.

① 막연한 지시와 애매한 말투

상사로부터 "대략적인 초안 자료를 만들어 봐. 완성되면 보여주고."라는 말을 들었다. 그러나, '대략적?', '초안이면 얼마나 간단하게 만들어야 하지?', '완성되면? 언제까지?' 등, 그 작업 정도와 제출 기한이 막연해서 당황해한다.

일반적으로 이러한 지시와 표현이 흔하기는 하지만, 애매한 것도 사실이다. "대략적이라면, 어느 정도인가요?", "며칠까지 완성하면 될까요?"와 같이 확실하게 확인하는 것도 하나의 방법이다. 그러나 일일이 확인하는 것도 눈치가 보이고 상대방의 기분을 상하게 할까 두려워 주저하게 된다.

결국, 제대로 이해하지 못한 채 일을 받아들여 본인 나름의 판단에 따라 제안서를 만들면 상사가 "왜 이렇게 오래 걸려? 이렇게 자세히 만들지 않아도 돼. 대략적이라고 말했잖아!"라며 질책할지도 모른다.

항상 본인과 다른 사람이 생각하는 적정 수준이 다르다고 느껴본인의 생각에 자신이 없어지고 판단하는 일이 두려워진다.

② 가늠하기 어려운 일의 깊이

상사와 동료로부터 이런 건 그렇게 시간을 들이지 않아도 괜찮다거나 너무 꼼꼼하고 자세하다, 조금 더 요령 있게 해라, 조금 더 제대로 조사해라, 너무 간단하다 등의 말을 들으면 업무의 정확도를 가늠하기 어려워진다.

어떤 안건을 요약하는 입력 업무에도 자신의 작업량이 다른 사람보다 2배, 3배나 많을 때가 있다. 조금 더 줄여보려고 해도 어디를 얼마만큼 줄여야 좋을지, 정보를 취사선택하는 방법 등을 몰라 결국 항상 많이 입력하게 된다. 분량이 늘어나지 않도록 의식하다 보면 이번에는 거꾸로 너무 적을 때도 있다.

또한, 상사가 필요 없는 내용을 구체적으로 알려주었다 하더라도 일단 머릿속으로 정한 구조대로 하고 싶다. 그래서 하지 않아도 괜찮다는 말에도 불구하고 시간을 길게 할애한 나머지 다른 중요한 내용을 다루지 못하는 사태가 벌어지기도 한다.

얼마나 자세하거나 간단해야 하는지 그 적절한 정도를 파악하지 못해 항상 이 정도면 됐다는 확신이 없다. 그 상태로 일을 해야 하니 불안할 수밖에 없다.

③ 우선순위 파악과 계획

여러 개의 업무가 있으면, 무엇부터 시작해야 할지 모르거나 업무들을 요령 있게 전환하지 못해 일이 밀린다. 상사로부터 우선순위를 정하라는 말을 자주 듣지만, 노력과 시간을 얼마나 들이면 되는지 모르므로 순서를 정할 수 없다.

To Do 노트(할일 목록)나 포스트잇을 활용하는 사람을 흉내 내보기도 한다. 그러나 계획을 세우려고 하면 이번에는 계획하기에 시간을 허비하거나, 세운 계획대로 해야 한다는 사실에 부담감을 느끼거나, 계획대로 되지 않으면 전부 실패한 것 같은 기분이 들어 오히려 혼란스럽다.

해야 할 일을 포스트잇에 적고 눈에 잘 보이는 곳에 붙여 관리하려고 하지만, 여러 가지 일을 함께 처리할 수 없으므로 책상 위는 포스트잇으로 넘쳐난다. 여러 업무를 담당하게 되면, 늘 초조함이 반복돼 무척 피로해진다.

④ 새로운 일

양식이나 매뉴얼을 참고해 문서를 작성하거나 예전에 자신이 경험했던 일, 전례가 있는 일은 그 업무 방식을 떠올리기 쉽다. 하지만, 매뉴얼이나 양식이 없거나, 또는 매뉴얼은 있지만 해본 적이 없는 일은 무엇을 어떻게 해야 좋은지 막막하기만 하다. 이처럼, 새로운 일은 사소한 것까지도 그 진입 장벽이 무척 높게만 느껴진다.

일단 일을 시작해도 자신이 없고, 자신이 제대로 하고 있는지 불안해 견딜 수가 없다. 게다가 그 자리에서 바로 임기응변으로 판단해야만 하는 업무는 무슨 일이 일어날지 모른다. 불안한 마음에 미리 머릿속으로 계속 시뮬레이션하다 보니 허비하는 시간도 늘어나고, 결국은 실행하기도 전에 지쳐버리고 만다. 너무 불안해서 동료와 상사에게 어떻게 해야 할지 물어보면 "아직 거기까지 생각하지 않아도 괜찮다.", "그때 가서 생각하면 된다.", "너무 신경을 쓴다."와 같은 대답을 듣는다. 그래도 어떻게 될지 몰라 시뮬레이션을 해보지 않고는 견딜 수 없다.

⑤ 설명하기

알아듣기 쉽게 논리적이고 적절하게 설명하는 일이 고통스럽다. 이야기의 이해를 위해 필요한 경위나 상황을 신덜하지 않아 무슨 소리인지 모르겠다거나 설명 순서가 엉망이라 이해하지 못하겠다는 말도 자주 듣는다.

본인은 항상 충분히 설명하지 못했다며 반성한다. 그래서 이번에는 반대로 맨 처음부터 전부 전하고자 하거나, 세세한 부분까지 설명하려다 보니 이야기가 너무 길어진다. 그러면 이번에는 짧게 설명하라는 말을 듣는다. 중간부터 상대방의 짜증이 눈에 보이기도 한다.

이야기가 옆길로 새거나 관련된 다른 이야기로 넘어가 버려 본인조차 이야기의 본론이나 목적을 잊어버릴 때도 있다. 중요한 핵심을 빠짐없이 파악하고 상대방이 알기 쉽게 설명하는 일에 자신이 없기에 회사에서 설명이나 의견을 요구받으면 매우 긴장하고 당황해버린다.

⑥ 갑작스러운 질문

누군가로부터 불시에 어떤 질문을 받았을 때, 회의에서 갑자기 의견을 말해야 할 때 등 곧바로 어떠한 발언을 해야만 하는 상황에서 꿀 먹은 벙어리가 되는 일이 자주 있다. 아무 생각도 없는 게 아니다. 확인도 하지 않은 생각들이 한꺼번에 튀어나와 머릿속이 엉망이 되어 생각을 정리할 수 없다 보니 사고가 정지되어 아무 말도 할 수 없는 것이다. 내 생각이 없는 사람이라고 오해받을까 조심스러워지고 자기 혐오에도 빠진다.

일단, 회의가 끝나면 시간을 들여 나름대로 여러 가지를 생각해 볼 수 있다. 그러나, 이번에는 시간이 여유로운 만큼 이런저런 생각이 끊이지 않아 결국 생각을 정리하지 못한다. '이거다' 하고 확신할 수 있는 생각을 하나로 정리해 밝히지 못하니 본인에게 판단 능력이 없다며 침울해한다.

⑦ 선택하기

A든 B든 C든 상관없지만, 그중 하나를 선택해야 한다면 좀처럼 고르지를 못하고 계속 망설인다. 회사에서 중요 사항을 선택하는 것은 물론이고, 출근할 때 입을 옷을 고르느라 옷장 앞을 떠나질 못한다거나 1,000원숍에서 어떤 색의 제품을 살지 망설이는 등 일상생활의 사소한 것까지도 좀처럼 정하지 못한다.

업무적으로는 문서를 작성할 때 말투나 어미 사용에 대해 계속 고민한 나머지 별 것 아닌 문장을 만드는데도 많은 시간을 소요한다. 상사에게 어떻게 할지 물어도 귀찮다는 듯 "아무거나 상관없으니, 마음대로 해."라는 말을 들으면 자기 혐오감은 물론 부담감도 느낀다.

⑧ 자료 정리

나중에 필요할 수도 있고 누군가가 찾을 수도 있으니 그때 바로 건네야겠다는 생각에 좀처럼 업무 자료와 과거 작성물을 버리지 못한다. 그래서 책상 위나 의자 주위에 자료가 쌓여간다. 컴퓨터도 마찬가지다. 데스크톱에 수많은 파일, 심지어 똑같은 파일이 여러 개 저장되어 있다.

하지만 막상 자료를 찾아야 할 때가 오면 정리가 안 된 대량의 자료를 검색해야 하는 탓에 결국 시간을 허비해버리고 만다. 회사 책상이나 컴퓨터뿐 아니라 자기 방도 정리해야겠다고 생각하지만 분류하는 데 시간을 많이 잡아먹는 데다가, 나누어 정리할 카테고리가 너무 많아지기도 하고 계속해서 다른 것에 시선이 빼앗기다 보니 헛수고에 그치는 일도 종종 있다. 일하는 데 시간이 걸리거나 예상외로 야근이 많아지는 건 이러한 이유 때문일지도 모른다.

⑨ 상황변화에 맞춰 판단하기

한번 정한 방법대로 업무를 시작하면 상사가 다른 방법을 알려주거나 회의에서 방침이 변경되어도 도중에 그 방법을 바꾸기가 좀처럼 어렵다. 그래서, 갑작스러운 변경을 자주 종용받으면 큰 스트레스를 느낀다.

또한, 내 일은 이렇게 진행해야 한다, 회사와 상사는 이래야 한다, 와 같이 자기 생각이 완고해 그 이외의 개념을 받아들이지 못하는 일도 자주 있다. 머리로는 다른 생각을 인정하지만, 마음속으로는 자기 생각으로 사로잡혀 이와 다른 생각이나 방법을 강요 받았을 때 심한 스트레스를 받는다.

⑩ 멀티태스킹

지금 하고 있는 일을 중단하고, 다른 일을 시작하기까지 시간 이 걸린다. 주변 사람들은 금세 다른 일을 시작하는데 자신은 그 러지 못한다. 또한, 겨우 아이디어가 떠올라 작업에 집중하는 와 중에 갑자기 누군가가 말을 걸거나 질문을 하면 머릿속이 굳어져 대답이 바로 떠오르지 않는다. 가까스로 대응한 다음 다시 하던 일로 되돌아가려고 해도, 이번에는 하던 일을 떠올리는 데 시간 이 걸려 좀처럼 일을 다시 진행할 수가 없다. 그러므로 갑자기 누 군가가 말을 걸거나, 전화나 고객 응대로 업무가 중단되면 짜증 이 나게 된다.

다시 업무를 진행하는 데 시간이 걸리므로 업무 속도 또한 현 저하게 떨어진다. 그래서 업무의 흐름이 자주 끊기는 곳에서는 엄청난 피로를 느끼는데 비해 일은 좀처럼 진행되지 않는다.

⑪ 바뀐 업무 이해하기

상사의 지시나 회의에서 결정된 일을 어떻게 해야 할지 떠올리 는 데 시간이 걸린다. 그래서 업무가 늦게 시작되거나, 자신의 판 단대로 결론을 내리기도 한다. 답변을 요구받은지 며칠이나 지나 도 결론을 내지 못하거나 업무를 시작조차 하지 못하는 탓에 의 욕이 없다거나 지시에 불복종한다며 마치 다른 꿍꿍이가 있다는 오해를 사기도 한다.

특히, 완전히 새로운 일, 회의한 끝에 정한 내용, 이전과는 다른 방법으로의 변경 등은 스스로 이해하고 결론을 내릴 때까지 많은 시간이 걸린다.

⑫ 다른 사람과 이해한 내용이 다를 때

협의, 회의 중에 정한 일이나 상사의 지시, 동료의 부탁 등에 대해 스스로 이해한 내용과 상대방이 전달한 내용이 일치하지 않는 경우가 있다. 일의 결과물이 상대방의 기대와 달라 "나는 그렇게 말한 적이 없다.", "아니, 분명 그렇게 말했다."와 같이 서로 자기주장만 내세우며 다투기도 한다.

내가 이해한 내용이 자신에게 유리한 부분만 들었다거나 유리하게 해석했다는 오해를 받아 신용을 잃게 만드는 건 아닌지 불안해하기도 한다. 그럴 의도는 아니었지만, 어디서 어떻게 잘못되었는지 모르기 때문에 자신이 없어진다.

⑬ 전화 통화

전화로 한 번에 많은 이야기를 들으면 귀로 들어온 정보가 중간부터 점차 사라지는 느낌을 받는다. 정확하게 기억하지 못해 당황하고 혼란스러워하다가 제대로 대응하지 못한다. 상사와 동료에게 통화 내용을 전달할 때 확인해야 할 정보를 빠뜨리거나 잊어버려 곤란한 적이 많다. 메모하면서 들으라는 조언을 듣기도 하지만, 적으려고 하면 오히려 알아듣기 어려워진다.

게다가 전화는 상대방의 모습이 전혀 보이지 않아서 불안하다. 대화 중간에 조금이라도 침묵이 흐르는 걸 참지 못하므로 대화가 끊기지 않도록 자기도 모르는 사이에 일방적으로 밀어붙이듯 말을 하기도 한다. 결국 너무 일방적으로 말한 건 아닌지, 상대방이 이를 어떻게 생각할지 걱정하게 되고, 머릿속은 온통 그 생각으로 가득 차 전화를 끊고 나면 더더욱 업무가 손에 잡히지 않는다.

전화 대응에 계속 실패하게 되면 전화벨이 울리기만 해도 긴장하고 머릿속이 새하얘진다. 애초에 갑작스러운 전화가 업무를 방해했다는 사실 자체에 거부감이 있기도 하고, 일에 집중하다 보면 전화벨 소리를 듣지 못하기도 한다.

⑭ 여러 사람과 이야기하기

회의나 다른 사람들과의 점심 식사, 회식 등 누가 무슨 말을 할지 예측할 수 없는 경우나 이야기의 전개가 계속 바뀔 때, 생각이 그 흐름을 따라가지 못한다고 느끼는 일이 있다. 또한, 이유는 잘 몰라도 자신이 한 말 때문에 그 자리의 분위기를 망칠 수 있다고 생각한다. 그렇게 몇 번 괴로운 경험을 하고 나면 어떤 말을 해야 한다는 생각만으로도 크게 긴장하게 되고 마음만 앞서게 된다.

이러한 다양한 판단의 기로에서 낙담하거나 괴로워하는 이유는 무엇일까? 다음 장에서 알아보도록 하자.

제3장

판단이 두려운
사람들의 공통점

앞장에서 거론한 다양한 걱정과 실패의 '장면' 자체는 '발달장애의 특성'이 아니다. '발달장애 특성'이 주는 영향으로 인해 실패로 '드러난 장면'일 뿐이다.

우리는 종종 어떤 사람이 가진 발달장애의 특성을 설명하려고 할 때, 단순하게 '실패했던 장면'을 나열하고는 한다. 그러나 실패했던 장면을 늘어놓기만 한다면 지금 자신의 생활을 방해하는 장애 특성이 무엇인지 파악할 수 없다. 그뿐 아니라 자기 혐오감이나 공포심만 쌓이게 돼 결국 나는 뭘 해도 안 된다는 생각에 사로잡히게 된다. 이것이 이 책의 제목이기도 한 판단이 '두려운' 가장 큰 이유다.

판단이 두려운 이들에게는, 실패하는 '장면'의 열거와 더불어 공통적으로 드러나는 이유와 사회생활에 가장 큰 장해물이 되는 특성을 정확히 파악하는 점이 중요하다. 이를 어떻게 파악할 수 있을까? 바로 실패하는 장면에 공통적으로 나타나는 '미숙한 기능'을 짚어내면 된다. 이를 위해서는 51쪽 그림처럼 여러 '실패 장면'에 영향을 미친 가장 큰 특성을 바르게 분류해야 한다.

이번 장에서는 특히 '판단'에 영향을 미친다고 여겨지는 특성을 살펴보기로 한다. 이러한 '특성'은 자기 자신을 설명하는 '핵심 문장'이 되도록 전문적인 표현이 아니라 쉽게 이해할 수 있는 친근한 단어를 사용하는 편이 좋다.

모호한 표현을 이해하기 어렵다

판단이 두려운 ①~②상황에 영향을 미치는 특성이다. 이 특성은 시각화가 어렵고, 기준이 확실하지 않거나 애매한 것의 '질과 수준, 정도'를 잘 파악하지 못한다. 이는 상상력 장애와 관련 있다고 여겨지는데, 대부분의 직장생활에 영향을 준다.

'대충 훑어보고', '대충 정리해서', '무리하지 않는 범위 내에서', '적당한 때에', '일단 해 보고', '어느 정도 윤곽이 잡히면', '이 일이 대충 마무리되면' 등등 시각화가 어렵고 기준이 확실하지 않은 표현은 직장 내에서 당연하다는 듯 빈번히 사용된다.

이러한 애매함은 표현에만 국한되지 않는다. 직장 내 대인관계에도 이와 같은 두루뭉술한 요소가 많이 포함되어 있다. 다양한 입장이나 이해관계, 협력 관계가 복잡하게 얽힌 회사에서 다른 사람의 본심이나 의도, 감정은 그야말로 눈에 보이지 않는 애매한 것이므로 파악하기 가장 어려울지도 모른다. 그리고, 자신이 '어려워하는 정도', '피곤함', '괴로움'과 같은 것 역시 마찬가지다.

이처럼, 직장에서는 시각화가 어렵고 명확한 기준도 없으며 애매한 것에 대해 '대략적인 정도'를 파악하면서 일을 진행해야만 한다.

조금 더 구체적으로 알아보자. 앞서 말한 '대충 훑어본다'에서 '대충'은 무슨 뜻일까? 1~2분 내라는 의미인지, 오늘~내일 중으로 보면 되는지 또는 오탈자를 보라는 뜻인지, 대략적인 취지를 확인해주기를 바라는 것인지, 이러한 내용을 당시 상황이나 이야기의 문맥 속에서 파악하여야 한다. 확실하게 정해진 것도 아니고 명확하게 지시를 받은 것도 아니지만, 아마도 이런 뜻일 거라는 '내용'과 '정확도', '적당한 시기'를 파악할 필요가 있다.

그리고 나아가 이러한 것을 어떻게 파악해야 하면 좋을지 아무리 생각해도 이해하지 못한 채 시간만 흘러간다면, 이는 '곤란한' 상태라고 할 수 있다. 하지만, 상담이 필요할 정도로 곤란한지 알 수 없다면 이 '곤란한 정도'라는 기준 역시 명확하지 않은 애매한 상황에 대한 수준을 파악하는 일인 셈이다.

이 작업은 얼마나 중요한지, 얼마나 관여해야 하는지, 얼마나 서둘러야 하는지, 얼마나 꼼꼼하게 일해야 하는지, 언제쯤 제출하면 되는지, 어느 단계에서 관계자에게 의견을 물을지, 그리고 자신의 '곤란한 정도'나 '피곤한 상태', '힘든 상태' 등 자신의 감각에 관한 것 또한 모두 대략 이럴 것이라는 정도를 파악할 필요

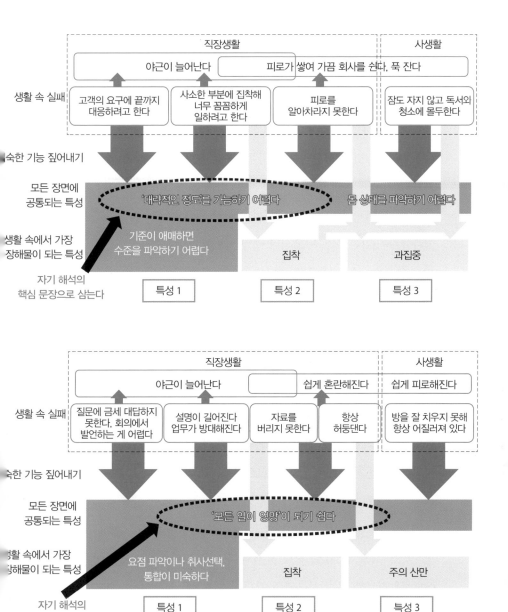

가 있는 행위다. 이러한 것들을 '일반적인 상식', '지금까지의 경위와 문맥', '상대방의 의도와 의향', '상대방과의 대화 속 뉘앙스', '자신의 기분과 몸 상태 감지' 등으로부터 판단해 업무를 수행하여야 한다.

이처럼, 시각화가 어렵고(눈에 보이지 않고), 기준이 확실하지 않은 애매한 것을 파악하는 일이 미숙하다는 장애 특성이 있으므로, 회사에서 애매한 일을 다루어야 할 때 무척 고생하게 된다. 그럼에도 본인 나름대로 판단해서 업무를 계속했더니 기대했던 성과물과는 다른 것이 나오거나 주변 사람들과 보조를 맞추지 못해 불협화음이 일어날 수도 있다.

일의 깊이를 적당한 수준으로 가늠하기 어렵다는 특성에는 '적당히'라는 단어가 나온다. 단어만 놓고 보면 왠지 꾀를 부리는 듯한 느낌이지만, 뜻은 전혀 다르다. 여기서는 '힘을 쏟는 적절한 수준', '적절한 분량이나 정확도'로 작업한다는 의미다. 그러므로 어떤 일을 할 때는 그 일을 의뢰한 사람의 의도와 상황의 경위, 중요도, 제출 기한 등을 감안해 '대체로 이 정도 완성도면 타당한 성과물'이 될 거라고 예상해 둘 필요가 있다.

즉, 이 또한 시각화가 어려우며 기준도 없고 애매한 것을 종합해 '대략적인 정도'를 파악할 수 있는 상상력이 필요하다. 열 문장 정도면 충분한 일도 중요 요점의 점도를 파악하지 못한다면 어떨까? 정보를 가려 사용하지 못하게 되므로 A4 용지 3장으로도 모자랄 정도로 마구잡이로 집어넣게 된다. 결국 시간도 노력도 크게 허비해버릴지도 모른다.

이 '대략적인 정도'를 파악하지 못하는 특성에 '집착'까지 더해지면, 예컨대 이렇게까지 자세히 적지 않아도 된다는 사실을 알고 있다 하더라도 도저히 하는 방법을 바꾸지 못하거나 일단 정하고 나면 무슨 일이 있어도 그 방법으로 해야 한다.

상사로부터 우선순위를 정하라는 말, 혹은 완벽주의라는 말을 들은 사람은 이러한 '대략적인 정도'를 파악하지 못하는 데다가 '집착'까지 있어서 결국 성과물의 분량과 징도와 주변 사람들의 기대 사이에 차이가 발생하거나 제출 기간이 크게 늦어지기 쉽다.

산만하고 정리가 어렵다

생각이 계속 확장되어 좀처럼 판단을 귀결시키기 어려워하는 특성은 상상력과 충동성 장애와 관련이 있다. 바로 요점 정리와 통합이 미숙해 일이 엉망이 되기 쉽다는 특성이다.

'정리', '통합'에는 부분적인 내용들을 일관성 있는 하나의 것으로 정리하거나, 혹은 여기저기 흩어져 있는 요소들의 핵심을 파악해 하나로 결론짓는 능력이 필요하다. 그러나, 이러한 '정리'와 '통합'이 미숙하면 머릿속이 엉망이 된다. 엉망인 상태로 생각하려고 하면 혼란스러워지는데, 그렇게 정신없는 상태에서 생각해야 하니 시간과 노력이 들고, 동시에 짜증이 나면서 마음이 불안정해진다. 이같은 특성은 직장 생활 속 모든 '판단'에 큰 영향을 미친다.

반면 하나의 일을 깊게 파고들거나, '부분'적인 시점으로 보는 능력은 뛰어날 수 있다. 특히 무언가를 자세히 조사하거나 하나의 요소를 세세하게 분류하는 등, 국소적인 시점으로 치밀하게 파악할 때 그 능력을 발휘하기도 한다. 하지만, 부분적인 시점이 늘어나면 이들을 통합하거나 정리하지 못하고 전부 병렬화시켜 버린다. 곧 하나로 통합되지 못한 '부분들'이 모여 포화상태에 빠지게 되므로 머릿속이 엉망이라고 느끼는 것이다.

'판단'은 하나의 결론을 도출해 결정하는 일이므로 여러 개의 시점을 늘어놓고 판단하기란 결코 쉽지 않다. 어떠한 의견이나 설명을 요구받으면 머릿속을 난무하는 여러 가지 부분적인 생각이 뒤엉킬 뿐, 하나의 생각으로 정리해 표현하지 못한다. 하고 싶은 말이 계속 떠오르거나 무엇을 선택해야 할지 망설이는 등 사고가 확장되기 때문에 이야기가 점점 길어지기도 하고 결론을 매듭짓지 못하기도 한다. 보다 못한 상사가 "설명이 너무 길다.", "요령 있게 얘기해 봐.", "그래서 결론은?", "하고 싶은 말이 뭐야?"라고 말하면, 갑자기 부담감이 커져 이번에는 극단적으로 말을 짧게 하기도 한다.

회의처럼 여러 사람이 발언하거나 이야기의 방향성이 여러 번 바뀌는 곳에서는 이야기의 전개를 제대로 따라가지 못하기도 한다. 이는 57쪽에 후술할 '작업 기억' 문제와도 연결된다. 이야기를 제대로 이해하지 못한 데다가 이런저런 생각에 머릿속이 엉망이 되니 더욱 초조해져 공황 상태에 빠지는 것이다. 회의 등에서 아무 말도 하지 않는다고 해서 아무 생각도 하지 않는 건 아니다.

오히려 너무 많은 생각이 한꺼번에 떠오르는 쪽에 가깝다.

문서를 작성할 때에도 정리와 결정이 어려운 특성이 영향을 미친다. 회사 안팎으로 보낼 문서를 작성할 때를 떠올려보자. 이미 존재하는 구체적인 양식이 있다면 작업은 비교적 원만하게 진행된다. 하지만, 새로운 유형의 글을 써내야 한다면 취지가 정해졌다 하더라도 세부 표현이나 어투 등에 관한 선택지 속에서 길을 잃는다. 무엇을 골라야 할지 망설이기 때문에 최종적인 결정까지 시간이 걸리게 된다.

그밖에도 옷을 고를 때나 무언가를 구입할 때도 다 갖고 싶어 좀처럼 결정하지 못한다. 그래서 좋다고 느낀 물건은 같은 것만 계속 구매해 사용하기도 한다. 문장의 표현이든 옷이든 딱 하나를 정할 때, 어떠한 명확한 근거가 필요하지 않다. 감각적으로 정해야 한다. 적절한 수준과 정도를 파악하는 일에 미숙하고 정리하고 결정하기 어렵다는 특성이 맞물려 쉽게 결정을 내리지 못하는 것이다.

또한, 물리적으로는 정리정돈이 미숙하다는 점으로 이어진다. 실제로 발달장애의 특성을 가진 사람은 방이나 회사 책상에 물건을 마구잡이로 쌓아놓는 경향이 있다. 산처럼 쌓인 서류를 정리하려고 한다고 치자. 하지만, 막상 일을 시작해도 '내용', '중요도', '빈도', '서류 발행 년도', '서류 발행처' 등등 분류 기준이 머릿속에서 계속 늘어나 이것저것 생각하다 보니 좀처럼 분류할 수 없게 된다. 또한, 서류가 없어 난처한 일을 겪고 싶지 않다는 불안함 때문에 이것도 저것도 다 중요하고 필요하다고 생각해 서류를 버리지 못하고 쌓아두게 된다. 이렇게 서류가 쌓여갈수록 정리하기는 더욱 어려워진다.

산만하다는 특성과 더불어 주위 자극에 반응하기 쉽고 여기저기로 주의를 빼앗기기 쉽다는 특성을 가졌다면 '전부 신경 쓰게 되는 경향'이 더욱 커진다. 주변 소음, 움직임, 눈에 확 들어오는 것 등에 정신이 팔려 반응하다 보니 그러한 것이 전부 중요하게 여겨지고 만다. 정리할 때를 예시로 살펴보자. 어떤 물건을 수납하려고 수납장이 있는 곳으로 가는 도중에 어떤 다른 물건이 눈에 들어오면 그 물건을 어딘가에 집어넣으려고 한다. 하지만, 그러다가 또 다른 물건에 정신을 팔리는 식이다. 결국 일은 수습하지 못할 정도로 점점 커지게 된다.

이렇듯 산만하고 정리가 어렵다는 특성은 생각의 정리뿐만 아니라 물리적인 정리를 방해해 '판단하는' 일을 어렵게 만든다.

사고의 흐름이 확고하다

사람들은 각자 주특기로 삼는 사고 '방법'을 가지고 있다. 이는 자신이 이해하기 쉬운 사고회로다. 알고리즘과 같은 정식화된 형태로 사고하는 방법이 있는가 하면 추상적인 개념 속에서 사고를 밝혀내듯 생각하는 방법도 있다. 또, 눈앞에 있는 정확한 정보를 따라 처리하거나 경험한 적 없는 일을 상상하거나, 아직 일어나지 않은 일을 예측하거나 논리적인 빌드업을 하지 않는 직관적인 사고도 있다.

이처럼 사고는 다양하게 응용할 수 있다. 다만 사람에 따라 쉽게 응용할 수도 있고, 그렇지 않을 수도 있다. 쉽게 응용할 수 있다면 사고가 편해지지만, 그렇지 않다면 생각이 끊어지기 마련이다. 그러니 다양한 사고법을 그때 그때 적절하게 연결해 응용할 줄 알아야 유연하게 사고할 수 있게 된다.

반대로 사고의 방법이 한정되어 있다면 다른 방법은 좀처럼 받아들이지 못하거나, 혹은 자신의 사고 방법으로 생각하려고 한다. 그렇게 되면 어떤 일은 반드시 이래야 한다거나, 일하는 방식이나 개념은 반드시 이렇게 진행하거나 생각해야 한다는 등, 무척 고정적이고 경직된 생각에 빠질 수 있다. 또, 생각하는 시간이 오래 걸릴 수도, 본인과 다른 사람의 해석에 차이가 발생할 수도 있다. 이런 태도는 자기 생각을 굽히지 않는 외골수이거나 반항적인 태도를 보인다고 오해받을 수도 있다. 혹은 의도적으로 자기에게 유리하도록 해석하고 있다는 인상을 줄 수도 있다. 또한, 아무래도 자신있거나 익숙한 방법을 사용하지 못하게 되면 상당한 노력이 필요하므로, 새로운 일에 망설임과 저항감이 커진다.

작업 기억 활용이 미숙하다

일반적으로 '기억'은 암기한 내용을 서랍에서 꺼내는 행위에 비유된다. 그러나, 작업 기억working memory에서 말하는 기억은 생각할 때나 작업할 때 다양한 정보를 일시적으로 머릿속에 저장한다는 의미다.

정보를 일시적으로 머릿속에 담아두면서 이 정보들의 관계와 의미를 파악한다면 의미가 있는 정돈된 개념으로서 이해할 수 있다. 가령, 어떠한 문장을 읽을 때 글자만 따라 읽는다면 내용을 이해할 수 없다. 글자를 좇으면서 글자와 글자, 글과 글을 머릿속에 담아두고 생각하면서 그 의미를 파악해야 비로소 문장을 이해할 수 있게 된다. 머릿속 기억의 임시저장소에 정보를 넣어두면서 처리해 간다고 생각하면 된다. 이를 가리켜 '작업 기억'이라고 한다. 그러나, 발달장애 특성을 가진 사람은 이 임시저장소가 금세 가득 차 처리 속도가 뒤쫓아가지 못한다.

정보는 대부분 귀로 듣고(청각 정보) 눈으로 보면서(시각 정보) 입력되는데, 발달장애는 둘 중 하나의 능력이 떨어진다. 전반적 임상 인상 척도clinical impression●로 보면 청각 정보에 익숙하지 않은 사람이 많다. 조례나 회의 등에서 구두로 한 번에 많은 지시를 받으면 다 알아듣지 못해 정확하게 이해하기 어려워하는 사례를 자주 볼 수 있다. 정보는 계속해서 들어오는데 임시저장소가 금세 가득 차버려 정보가 흘러넘치는 상황이라고 이해할 수 있다. 결국 임시저장소에 남은 한정된 정보와 부분적인 정보를 연결해 계속 생각해야 하므로, 결과적으로 잘못 이해하게 된다. 그로 인해 제대로 듣지 않았거나 자기에게 유리하게 이해하고 있다는 오

●　　정신질환을 앓고 있는 환자의 치료과정이나 연구에서 증상의 중증도, 치료율, 치료의 효과를 측정하기 위해 일반적으로 사용되는 척도.

해를 사기도 한다.

'판단'이 필요한 다양한 상황에서는 일단 정보를 입력해야 한다. 그렇지 못하면 판단하기 어려워진다. 이 장에서는 판단을 어렵게 만드는 다음의 네 가지 특성을 설명했다.

① 모호한 표현을 이해하기 어렵다(요구하는 수준 파악이 미숙)

② 산만하고 정리가 어렵다(요점 파악과 통합이 미숙)

③ 사고의 흐름이 확고하다(고집이 셈)

④ 작업 기억 활용이 미숙하다

각 특성이 '판단'하는 데 미치는 영향을 이야기했지만, 실제로는 이 네 가지 특성이 복합적으로 작용해 '판단'에 영향을 준다. 물론, 뇌의 기능은 원래 복잡하므로 다른 특성이 관련되었을 수도 있다. 그러므로 왜 나는 '판단'이 어려운지, 왜 그러한 결과가 나왔는지 설명하기 어려우며, 마지막에는 제대로 하지 못했다거나 실패했다는 결론만이 남다 보니 '판단'이 더욱 두려워지는 것이다.

여기까지 읽고 난 뒤, 회사에서 일어나는 일과 그 일에 영향을 주는 나의 특성을 확인했는지 생각해 보자. 확실하게 알았다면 '어떻게 해야 할지' 그 대응책을 생각하게 될 것이다. 다만, 내 진짜 능력을 방해하거나 나를 괴롭히는 것은 이러한 특성뿐만이 아니다. 특성에 대응할 방법을 설명하기 전에 다음 장에서 또다른 어려움을 살펴보자.

제4장

마음의 고비를
넘는 법

앞 장에서는 '판단'에 영향을 미친다고 여겨지는 네 가지 특성을 이야기했다. 그리고, 그러한 '특성'이 복합적으로 작용해 '판단'을 어렵게 한다는 사실 또한 확인했다. 하지만 특성 이상으로 중요한 것이 있다. 바로 '빠지기 쉬운 심리'다. 실패하는 체험을 반복하면 아무래도 심리가 위축되기 마련이다. 또 실패할지도 모른다거나, 실패를 반복해서는 안 된다거나, 혹은 실패하고 말 거라는 불안감이나 긴장감이 커져 일하는 '행동'에 영향을 주게 된다.

'빠지기 쉬운 심리'에 걸리면 이어지는 '하기 쉬운 행동' 때문에 더 깊은 괴로움에 빠지게 된다. 물론, 어려움의 근원으로 거슬러 올라가 보면 '장애 특성'의 영향 때문이겠지만, 사실 그 자체는 그렇게 큰 문제가 아닐 수 있다. 그러나 또 실패할 것 같은 불안감이나 긴장감, 공포, 본인은 패배자라는 자기 부정 등 '심리적인 문제'가 커지면 장애 특성 이상으로 큰 괴로움을 안겨주는 경우가 많다.

4장에서 설명할 행동은 이차적인 것이므로 '장애 특성' 그 자체는 아니다. 이를 전부 '장애 특성'으로 오인하지 않도록 유의해야 한다. 만일 이러한 것들을 전부 '장애 특성'으로 오인한다면 원래 할 수 있는 일조차도 하지 못할 것이라 착각하게 되고, 어떠한 방법을 연구해야 편해질지 전혀 알 수 없게 되어버린다. 즉, '장애 특성'과 '거기서 생겨나는 심리(기분)', '그리고 그 심리의 영향으로 발생하는 행동'을 확실하게 나누어 생각해야 한다. '심리'와 '행동'은 자기가 만들어낸다. 이 사실을 깨닫는다면 마음이 훨씬 편해지고 해낼 수 있는 힘 또한 충분히 갖출 수 있다.

그럼, 구체적으로 '빠지기 쉬운 심리'와 그로 인해 생겨나는 직장 내에서 '하기 쉬운 행동'은 무엇인지 확인해 보도록 하자.

빠지기 쉬운 심리

불안, 초조, 두려움

실패를 거듭하면 사람은 누구나가 또 실패하지 않을지 불안해한다. 그리고 더는 실패를 반복하고 싶지 않다고 생각한다. 당연한 감정이다. 그러나, 항상 그 기분을 우선하게 되면 동료가 질문하거나 상사가 새로운 업무를 지시했을 때 그 내용을 생각하기도 전부터 불안이 엄습한다.

불안은 불안을 낳고, 몸집을 키워 초조함과 두려움을 초래한다. 그리고, 불안과 초조함, 두려움이 모이면 사고는 멈춰버린다. 이렇게 사고가 정지하면 원래 할 수 있었던 일조차 하지 못하게 되어버린다. 당황해서 제대로 생각할 수 없게 되고, 머릿속이 엉망이라 혼란스러우며, 불안이 꼬리에 꼬리를 물어 어찌할 바를 모르겠는, 이른바 '가벼운 공황' 상태에 빠지면 할 수 있는 일도 하지 못한다. 자신감은 점점 떨어지고, 나는 아무것도 할 수 없고 무얼 해도 안 된다는 생각에 자신을 부정하는 기분이 커진다.

미숙해지거나 제대로 판단하지 못 하는 일 모두가 장애 특성에서 오는 것은 아니다. 가벼운 공황 상태 때문에 할 수 있는 일을 실패하기도 한다는 점을 알아두어야 한다. 앞 장의 내용을 비추어보면 어떠한 특성이 어떠한 현상을 낳는지를 알 수 있다. 그리고 그것과는 별개로 불안이나 초조, 공포라는 감정이 생겨날 수 있다는 점도 이해가 된다. 이 두 가지를 나누어 생각했을 때, 가벼운 공황에 빠지지 않고 평정심을 유지한다면 원래부터 할 수 있는 일도 있다는 사실을 깨닫게 된다. 제7장에서 소개하는 평정심을 되찾는 방법도 따라해보기를 바란다.

자신과 주변에 대한 분노

실패에 대한 불안이나 초조함과 더불어 '분노'도 생긴다. 제대로 하지 못하는 자신에게 조바심이 들어 화를 내기도 하지만 때로는 다른 사람에게 '분노'의 화살이 향하기도 한다. 다른 사람의 방해 때문에 제대로 하지 못한다거나 주변의 틀린 생각 때문에 내가 피해를 받는다는 생각이 커져 동료와 상사, 조직과 사회에 격한 분노를 느끼는 것이다. 이 분노가 '이래야 한다'는 생각과 맞물리면 회사와 주변 사람들은 틀렸다는 '유일한 정론'으로 발전해 상사나 조직과 충돌하기도 한다. 또한, 그럼에도 자신의 의견이 수용되지 않으면 상사와 조직의 방법을 직장 내 괴롭힘이라고 생각해 자신이 받는 피해를 호소하고픈 기분이 들 정도로 내몰리게 된다.

사실, 이 분노는 보통 방법으로는 처리할 수 없다. 분노가 내 안에서 '유일한 정론'으로 성립되어버린 이상, 좀처럼 다른 생각을 받아들이지 못하고 다른 사람의 생각과 입장, 기분과는 선을 그어버리기 때문이다. 자신이 옳다는 생각 때문에 화를 내고 있으므로 사실은 조금 더 다양한 각도에서 자기 자신을 이해해야 한다는 사실을 깨닫지 못하기도 한다.

반대로 말하자면, 나 자신과 마주하고 깨닫는 일은 매우 용기가 필요하다는 뜻이기도 하다. 누구나 자신의 미숙한 점이나 불안, 두려움 등을 직시하려 하지 않는다. 하지만, '분노'는 자신을 지켜주지 않는다. 주위와의 알력다툼에 고립되고, 여러 업무를 진행하기 어려워진다는 사실은 말할 필요도 없다. 또한, 분노는 몸에도 매우 큰 부담을 주고 심신의 에너지를 사용하기도 한다. 혈압이 올라가고, 나아가 뇌나 심장 질환에 영향을 준다는 연구 결과도 있다. 심적 에너지를 소모하므로 우울증에 걸리는 등 정신 건강이 나빠지는 원인이 되기도 한다.

심화되는 피해의식

어떠한 일을 제대로 하지 못했을 때, 누군가가 자신을 의도적으로 깎아내리려고 하는 것 같다는 피해의식이 끓어오르기도 한다. 이는 앞서 이야기한 '분노'나 '나는 틀리지 않았다는 생각'과 맞물려 점차 굳건해진다.

물론, 실제로 인간관계에서의 마찰이 거듭되면서 모두와 사이가 나빠지기도 한다. 그러나 친분을 떠나 직장 내의 누군가가 어떠한 의도를 가지고 자신을 방해한다거나, 폄훼하려고 한다거나, 구체적으로 괴롭히고 있다는 생각은 지나친 피해의식일 수 있다. 그만큼 심적으로 내몰려있는 상황이라고 할 수 있다.

피해의식이 강해지면 직장 내 괴롭힘으로 상사를 고소하고 싶다거나 조직의 악행을 규탄하고 싶다는 생각도 끓어올라 자신을 고립시켜버릴지 모른다. 물론, 권력을 가진 사람이 그 힘을 이용해 용납할 수 없는 상대방에게 느낀 부정적인 감정을 표출하는 직장 내 괴롭힘도 분명히 존재한다. 하지만, 상사에게는 그러한 권력을 행사할 생각도 나에 대한 의도적인 악의도 없는데, 본인의 피해의식이 심해져 상사의 모든 지도와 주의, 평가를 악의적인 직장 내 괴롭힘이라고 받아들이기도 한다.

업무가 과중하다는 불만

업무의 '중요도'나 '긴급도', '정확도'와 같은 '수준'을 제대로 가늠하지 못해 상사와 동료의 사소한 부탁이나 가벼운 업무도 전부 '해야만 하는 업무'로 규정해 버린다. 사소한 업무도 전부 똑

같이 중요한 것으로 받아들인다면 방대한 업무를 떠안고 있다고 생각해 부담감을 느끼게 된다. 또한 업무를 전부 다 해야 한다는 생각에 항상 마음이 급해져 자주 당황하게 된다.

주변에서는 업무량이 많지 않고 업무 난이도도 낮으니 틀림없이 부담이 적다고 여기지만, 본인은 많은 업무를 떠맡아 늘 바쁘다는 기분에 사로잡혀 있다. 그러므로, 자신은 열심히 일하는데 주변 사람들이 이해해주지 않는다는 생각에 불만이 생긴다.

하기 쉬운 행동

다음으로는 앞서 설명한 심리와 맞물려 '하기 쉬운 행동'을 설명한다. 불안과 분노, 두려움, 초조함과 같은 심리는 반드시 행동에 영향을 준다. 이러한 심리적 문제는 일할 때 어떤 문제를 일으킬까? 구체적인 내용을 확인해 보자.

내 생각이나 의견을 바로 철회한다

결정을 내리는 일에 자신이 없어 좀처럼 마음을 정하지 못한다. 그래서 다른 사람이 무언가를 강하게 주장하거나 자기 생각에 부정적인 의견을 내면 상대방이 옳고 자신이 잘못되었다고 생각해 버리고 만다.

가령 상대방의 의견을 충분히 이해하지도 납득하지도 않았다 하더라도 곧장 자기 생각을 철회하고 상대방의 의견에 동의해버리게 된다. 이해도 납득도 하지 않았으면서 상대방의 주장에 동조하고 있으니 본인은 의사나 생각이 없고 상대방에게 금세 휩쓸려 버리는 사람이라고 자각하게 된다. 이는 자신을 더 낮게 평가하는 경향을 부추긴다.

되도록 일을 '늘리지 않는' 방향으로 생각한다

자신이 하는 일에 대한 불안감이나 공포심이 클수록 실패를 피하고 싶다고 생각한다. 그리고 실패하지 않기 위해 무조건 미숙한 일에는 손을 대지 않는다는 방어적인 자세를 취하게 된다. 되도록 업무가 늘어나지 않도록, 새로운 업무를 할당받지 않도록, 되도록 자기 일이 눈에 띄지 않도록 소극적으로 변해버린다. 회의에서도 부정적인 의견만 내거나, 새로운 업무와 역할을 배정받아도 적극적으로 받아들이지 않거나, 사소한 부탁을 거절하기도 하는 등의 행동으로 표출되기도 한다. 점차 상사와 주변 사람들이 소극적, 의욕이 없는 사람으로 평가한다.

사실은 본인도 적극적이고 민첩하게 업무를 수행해 성취감을 느끼고 싶어 한다. 하지만, 큰 불안감과 공포심 때문에 소극적으로 변해버린다. 그러한 자신이 왠지 싫어지고, 자기 자신에 대한 괴로움이 가슴속에 맺혀 있어 늘 답답해한다.

인간관계를 피한다

대인 커뮤니케이션이 미숙하고, 애초에 다른 사람에게 크게 관심이 없기 때문에 적극적으로 다른 사람과 관계를 맺고 싶다는 마음이 없을 수도 있다. 그러나, 이러한 특성만이 원인은 아니다. 일에 대한 큰 불안은 대인관계에 확실한 영향을 준다. 회사에서는 일을 사이에 두고 다른 사람과 관계를 맺어야 하기 때문이다.

마음이 맞는 동료, 같은 취미를 즐기는 친구가 아닌 이상, 업무를 매개로 얽힌 사람과 일할 때는 업무에 실패할까 불안해진다. 당연히 회사 사람들과도 제대로 사귀지 못할까봐 불안해진다. 혹은 자신이 적극적으로 업무를 수행하지 않았거나, 자신이 제대로 된 평가를 받지 못한다고 생각하거나, 피해의식이 심해진다면 회사에서의 인간관계를 피하려고 하게 된다. 실제로 대인관계에 문제를 일으키기도 하고, 다른 사람과의 사이가 서먹하기도 하다.

물론, 억지로 모두와 친하게 지낼 필요는 없다. 그러나, 회사에서 대인관계를 회피한다면 물어보면 끝나는 일, 빨리 확인해야 하는 일을 할 수 없다. 사소한 한 마디를 건네지 못해 나중에 업무상의 큰 문제로 발전하기도 한다. 그러므로, 인간관계를 회피하는 일은 업무에도 큰 영향을 미친다.

일단 뭐든 받아들인다

즉각적인 대응, 순간적인 판단에 자신이 없어 원래대로라면 그 자리에서 바로 끝낼 수 있는 일도 나중에 알아보고 연락하겠다, 확인한 뒤 회신하겠다, 생각할 시간을 달라, 내가 맡겠다 등의 말을 한다. 아무런 준비 없이 원래 다른 사람이 하던 일을 가져오게 되니 결국 내 업무만 늘어나게 된다. 그것이 계속 쌓여 원래 업무조차 손을 대지 못하게 되면서 궁지에 몰리기도 한다.

이는 해야 할 일을 열심히 하고 있어도 계속 일이 쌓이게 되는 원인 중 하나이다. 주변 사람들은 일을 대충 하는 것처럼 보이거나, 자기에게만 일을 미루는 것 같은 기분이 들어 피해의식이 커지기도 한다. 하지만 주변 사람들의 눈에는 오히려 불필요하게 일을 늘려 시간을 허비하는 것처럼 보일 수 있다. 결국 다른 사람들보다 더 열심히 할 일을 하고 있는데 제대로 평가받지 못한다며 불만이 쌓이고 만다.

해야 할 일을 미룬다

업무를 뒤로 미루다 보면, 그에 대한 여파가 점점 커져 업무가 쌓이게 된다. 회의에서 정한 일은 바로 문서로 작성하거나 메일로 보내버리면 끝이다. 하지만, 업무 이미지를 잘 파악하지 못하거나, 행동의 전환이 미숙해 지금 하는 일을 바로 중단하지 못하다 보니 '이 업무가 끝난 다음에 하겠'다거나 나중에 차분히 생각하겠다거나, 천천히 해야겠고 생각하기 쉽다.

그러나, 업무는 뒤로 미룰수록 이를 처리하는 시간이 길어진다. 시간이 지나면 지날수록 의뢰받는 업무 내용과 경위, 의뢰자의 의도 등을 다시 떠올려야 하고, 때로는 잊어버리기도 한다. 또, 애매하게 기억하고 있다면 기록이나 대화 내용을 되짚어가며 확인해야 할 수도 있다.

해야 할 일은 오래 미룰수록 귀찮아진다. 또한, 뒤로 미루면 당연히 마감까지의 시간이 짧아지니 본래 업무에 필요한 시간을 충분히 확보할 수 없다.

아무 의견을 내지 않는다

부적절한 발언을 해서 수습하지 못하게 되거나, 쓸데없는 말을 해서 분위기를 망가뜨릴지 모른다는 불안감이 마음을 지배하면, 되도록 쓸데없는 말은 하지 말자고 생각하게 된다. 그렇게 되면, 본인 나름의 생각이 있어도 항상 일부러 말을 삼키게 된다. 덕분에 자신의 발언이 부정당하거나 발언으로 인해 분위기가 바뀔 것 같은 위험은 피할 수 있지만, 한편으로는 항상 개운치 않고 가슴이 답답하다. 해소되지 않은 불편한 기분은 업무를 충분히 끝내지 못한 것 같은 불완전한 감정이나 자기 혐오감, 고독감의 온상으로 변한다.

공격적으로 변한다

누군가가 자신의 의견을 부정하거나 반대되는 의견을 말하면 화를 참지 못하고 맹렬하게 반격하는 과잉 반응을 보이기도 한다. 평소에는 별다른 말 없이 조용하고 다른 사람의 의견에 따르던 사람이 갑자기 감정을 폭발시키기 때문에, 주변 사람들에게 점차 다루기 힘든 사람, 갑자기 화를 내는 무서운 사람이란 인상을 줄 수 있다.

하지만 당사자는 자신의 판단에 자신이 없고 불안하기 때문에 비난받거나 부정당하지 않도록 항상 주변을 살피느라 신경줄이 닳아 없어지고 있다. 주변과 다투지 않도록 항상 자신의 기분이

나 생각을 꾹 참고 있기에 사소한 계기로도 인내심이 바닥나 분노가 표출되고 만다.

보고 · 연락 · 상담이 어렵다

일반적으로 발달장애의 특성은 원활한 '보고 · 연락 · 상담'을 방해한다. 적절한 타이밍이나 표현을 모른다기보다는 언제가 보고 · 연락 · 상담을 하기 적절한 상황인지 이른바 '곤란한 정도'를 확실하게 파악하기 어렵기 때문이다.

이러한 어려움은 발달장애의 특성과 더불어 이 장에서 이야기하고 있는 '빠지기 쉬운 심리'의 영향도 받는다. 상담을 청하면 상사가 질책하는 건 아닐까, 내 말이 부정당하지 않을까, 상담 내용 그 자체가 부적절한 건 아닐까, 아무런 준비 없이 상담했다가 평가가 더 나빠지지 않을까, 하고 무척 불안해한다. 그러므로, 저도 모르게 속으로 나중에 상담하겠다거나, 조금 더 해보고 이야기하자고 생각한다. 결국 적절한 '보고 · 연락 · 상담'의 타이밍을 놓쳐버리게 된다.

어려운 일이 있으면 바로 이야기하라던 상사에게 실제로 상담을 요청했더니 알아서 생각하라거나, 대안을 생각한 다음 질문하라는 말을 흔히 듣는다. 이런 일이 반복되면, 나서서 다른 사람에게 접촉해 상황을 설명하는 일 자체에 대한 불안과 저항감이 커지게 된다.

다양한 사람에게 의견과 조언을 구한다

자기 생각이 좀처럼 정리되지 않아 판단에 자신이 없고, 또한 본인만의 생각도 다른 사람이 보증해주어야만 안심한다. 앞서 '보고·연락·상담'을 어려워한다고 이야기했는데, 반대로 모르는 일이 있으면 곧바로 해답을 찾기 위해 물으러 돌아다니기도 한다.

처음에 물어본 사람이 명확하게 대답했다면 상관없다. 다만, 답을 바로 듣지 못했거나 그 답이 분명하지 않거나, 혹은 그 자리에서 확실하게 대답해주지 않으면 애매함을 참지 못하고 곧바로 다른 누군가에게 묻는다. 안타깝게도 한번에 여러 사람의 의견을 들으면 혼란스러워져 오히려 판단할 수 없게 될 수도 있다.

한편 아무 생각 없이 여러 사람에게 묻는다면, 열심히 대답해준 사람은 자신의 대답을 등한시했다며 기분 상해할 수도 있다. 의도하지 않더라도 회사 분위기를 흐트러뜨릴 수도 있다.

앞일을 끊임없이 시뮬레이션해본다

계획적으로 처리하거나 앞일을 예측해 진행해야 할 업무가 있는가 하면 상황에 따라 그때그때 처리해야 하는 일도 있다. 당일이 되어야 알 수 있거나 해보지 않으면 모르는 업무는 그때, 그 장소에서 임기응변으로 대응해야 한다. 예를 들어, 불특정 다수의 사람을 상대로 하는 접객 업무나 이벤트, 프리젠테이션 등은 당일까지 준비한다고 해도 그날 누가 올지, 어떤 요구를 할지, 어떤 질문이 나올지 알 수 없다. 돌발적인 일에도 즉각 판단해서 대응해야 한다.

하지만 순간적으로 정보를 정리해 판단하는 일에 대해 불안이 크면 여기저기서 일어날 수 있는 일을 상세하게 미리 시뮬레이션해보려고 한다. 대책을 세우기 위해 다양한 상황을 가정하면서 끝도 없이 사전 준비를 하려고 한다. 그러나 아무리 시뮬레이션해본들, 시뮬레이션대로 일이 진행될 거란 보장은 없다. 결국 불안은 사라지지 않고 긴장과 혼란만 더 커지게 된다.

마음과 마주보기

사람은 어떠한 일에 실패하거나 충격을 받으면 속으로 왜 이런 일이 일어났는지, 왜 나만 이런 건지 생각하게 된다. 이는 실패의 이유를 파악해 자신을 납득시키고 어떻게든 받아들이려고 하는 마음의 움직임 때문이다. 자신의 발달장애 특성을 알고 있는지와는 상관없이 하게 되는 생각이다.

그러나 이유를 자문해보아도 쉽게 답이 나오지 않는다. 실패가 반복되면 이러한 의문은 당연히 더 커지게 된다. 그리고 '나만의 이유', '나만의 해석'을 만들어내기 시작한다. 나는 성격이 나쁘니까, 나는 능력이 안 되니까, 나는 모두에게 미움받는 성격이니까, 나는 부모에게 사랑받지 못했으니까, 나는 뭘 해도 실패하는 사람이니까, 회사라는 곳은 나를 궁지로 내몰고 착취하는 곳이니까, 사람은 누구나가 다른 사람을 업신여기고 깎아내리니까, 등등 실패하는 이유를 자기 나름대로 해석한다. 그 결과, 항상 자기 자신을 지적하고 다른 사람을 의심하게 되어 심리적으로 위축되고 궁지에 내몰리게 된다.

상담을 하다 보면 특히 그레이 존에 놓인 사람들은 장애 특성보다 앞서 언급한 자신만의 해석 때문에 마음의 병이 생기고, 이러한 마음의 병 때문에 삶의 고통을 느낀다는 사실을 통감하게된다. 그들은 스스로 만든 해석이나 신념에 늘 지배당하고 있다. 그래서 사실 성공할 가능성이 있는 일이나, 실제로 성공한 일조차도 마치 아무 일도 없었던 것처럼 덮어버린다. 그리고, 실패했을 때만을 의식해 역시 난 안된다고 끊임없이 생각한다. 어느샌가 나는 패배자라는 일그러진 굳은 신념이 마음속에 깊이 뿌리내리게 된다.

이 일그러진 신념은 매우 굳건하다. 항상 마음을 무겁게 하고일에 실패하도록 자신을 이끈다. 그러니 실패의 이유를 자기 마음대로 해석하지 말고 적절하게 자신을 파악해 이해해야 이러한 심적 고통에서 벗어날 수 있다.

이 장에서는 위축된 마음을 편하게 하고 업무 수행, 인간관계 구축을 돕는 몇 가지 아이디어를 소개하고자 한다. 제6장 '나다운 업무스타일을 찾는 법'과 함께 이 장을 활용해 부디 자신의 마음을 도울 수 있는 방향으로 나아가기를 바란다.

나부터 이해한다

자신의 마음을 돕기 위해서는 나를 파악하는 일이 가장 중요하다. 항상 짜증이 난다거나, 갑자기 공황 상태에 빠지거나, 심한 피로를 느끼는 원인은 단순하게 누군가가 잘못했거나 업무량이 많아서가 아닐지도 모른다. 아마 다음과 같은 이유 때문이 아닐까 추측된다.

'회사가 시끄러워서 항상 머리가 혼잡스러운데, 그 와중에 갑자기 다른 업무가 주어지거나 누군가가 말을 걸으면 무척 짜증이 난다'

'상사가 한 번에 일방적으로 말을 쏟아내면서 지시를 내린다. 이를 듣다 보면 공황 상태에 빠져 내용을 이해하지 못하고 전혀 다른 일을 한다'

'일을 하나씩, 천천히, 꼼꼼하게 하는 스타일이다. 아예 처음부터 기획하거나 의견을 내는 일이 무척 힘든데 기획부서로 발령을 받아 매우 괴롭다'

이렇듯 업무적으로 자신의 앞을 가로막는 장애 특성과 그 경향의 추출에 대해서는 48~49쪽 내용과 51쪽 도표를 참고하길 바란다. 또한, 일에 영향을 줄 가능성이 있는 특성에 대해서는 49~59쪽에서 설명한 네 가지 특성을 힌트로 삼길 바란다.

나 자신을 알기 위해서는 '특성'만 아는 것을 뜻하지 않는다. 이 장에서 이야기한 빠지기 쉬운 심리와 하기 쉬운 행동도 나를 이루고 있는 구성 요소다. 그러므로 '특성', '빠지기 쉬운 심리', '하기 쉬운 행동'으로부터 나 자신을 해방시켜야 한다. 하지만, 이 작업은 하루아침에 이뤄지지 않는다. 혼자 생각하기 시작하면 생각은 같은 자리를 계속 맴돌 뿐, 깨달음에 도달하기가 매우 어렵다. 그러므로 믿고 대화할 수 있는 사람과 함께 차분히 생각하는 방법도 중요하다. 이에 대해서는 상담의 활용법을 설명한 제8장을 참고하길 바란다.

내 생각과 행동 패턴을 파악한다

지금까지 반복해서 이야기한 대로 나를 알고 이해하는 일은 가장 중요한 대전제다. 그리고 이와 더불어 자신이 빠지기 쉬운 '평소 패턴'을 파악하면 또 똑같은 패턴에 빠진 자신을 객관적으로 바라볼 수 있게 된다. '나는 내 생각만이 옳다고 믿고 강하게 주장하는 버릇이 있다', '나는 항상 누군가가 나를 비난하거나 바보 취급한다고 생각해 공격적인 태도를 보이는 버릇이 있다', '나는 일단 일을 피하고 사람을 멀리하며 실패를 회피하려고 하는데, 이는 업무를 하기 어렵게 만든다', '사소한 부분에 지나치게 집착해 항상 시간이 오래 걸린다', '피해의식의 고조는 감정이 폭발한다는 사인이다', 등을 예로 들 수 있다.

평소 자주 하는 생각이나 행동 패턴은 회사에서 다른 사람과의 다툼이나 업무상 문제가 발생했을 때 영향을 준다. 이 패턴은 장애 특성이기에 쉽게 고칠 수 없다. 하지만, 본인의 행동 패턴을 확실히 깨달아 핵심 문장으로 만든다면, 자신의 행동을 제지하거나 주치의·카운슬러와 빠르게 상담할 수 있어 궤도를 수정하거나 되돌릴 대책을 세울 수 있다.

화가 나면 일단 자리를 피해본다

다른 사람에게 갑자기 화가 나거나, 감정을 가감 없이 드러내고 싶을 때도 있다. 물론, 분노를 느낄만한 정당한 이유가 있을 때는 그럴 수 있다. 하지만 지금까지 이야기해온 것처럼, 이러한 분노는 줄곧 억눌러왔던 것일 수도 있고, 사실 스스로에 대한 자신이 없어 항상 불안에 떨었거나 무척 괴로운 환경에 노출되어있었기 때문에 만들어졌을 수도 있다.

바꿔 말하면 그 정도까지 참거나, 불안해하거나, 공포를 느끼는 상태로 하루하루를 겨우겨우 살고 있다는 뜻이다. 항상 신경이 곤두서 있으므로 사소한 일로 마음의 균형이 단숨에 무너지면서 분노가 폭발하게 된다. 감정의 억제가 힘들다는 장애 특성과 더불어 항상 신경이 곤두서 있는 마음을 알아차리는 일도 무척 중요하다. 이러한 알아차림을 바탕으로, 그 자리에서 상대방에게 분노를 터뜨리는 건 좋은 방법이 아니라는 사실을 깨달아야한다.

가장 좋은 방법은 그 자리를 피하는 일이다. 화를 낸 다음 그 자리를 피하는 건 이미 늦었다. 되도록 빨리 "미안, 잠깐 머리 좀 식히고 올게.", "미안합니다. 잠시 생각할 시간을 주세요."와 같은 말을 준비해두면 좋다. 분노를 통제하는 자세한 방법은 제7장을 참고하길 바란다.

호흡을 의식한다

당황하거나 불안할 때, 머릿속이 엉망이 되어 혼란스러울 때

등 가벼운 공황 상태에 빠졌을 때는 자신의 호흡을 의식해보자. 심란해도 쉽게 평정심을 되찾을 수 있다. 또한, 과집중하기 쉬운 사람은 피곤이나 요의를 알아채지 못할 정도로 긴장 상태가 계속된다. 그동안은 가쁘게 숨을 쉬거나 숨이 멈춰있을 때도 있다. 자신의 호흡, 숨을 들이마시고 내쉬는 행위를 의식해 이를 통제하려고 하지 말고 가만히 숨이 들고 나는 모습을 지켜보기 바란다.

오전 11시에 한 번, 오후 3시에 한 번 등 시간을 정해 일을 멈추고 잠시 자리를 벗어나 심호흡을 하거나 조용한 곳에서 호흡을 고르는 방법도 있다. 과집중 상태에서는 정해진 시간도 알아차리지 못할 수 있다. 그러니 알람을 설정하거나 주위 동료들에게 말을 걸어달라고 부탁하는 등의 방법을 연구하여 자신의 상태를 깨달아야 한다. 이 방법은 분노도 효과적으로 통제할 수 있으니 후술할 제7장도 함께 참고하길 바란다.

좋아하는 일로 스트레스를 관리한다

회사에서는 생각보다 더 많은 일을 참거나 열심히 해야 한다. 엄청난 에너지를 사용해 신경 쓰고, 온몸을 긴장시키며 일에 집중하거나 다양하게 들어오는 정보에 두뇌를 풀가동시킨다. 그러다 보면 저도 모르는 사이에 피로가 자주 쌓인다.

일반적인 스트레스 해소법으로 자주 거론되는 운동, 친구와의 수다가 반드시 내게도 정답이 되지는 않는다. 오히려 스트레스를 주기도 한다. 따라서, 가장 안심할 수 있고, 무리하지 않고 자연스럽게 시간을 보내는 법을 확실하게 자각하고 생활 속에서 실천해야 한다.

스트레스를 푸는 법은 사람마다 다르다. 익숙한 길을 천천히 걸어도 좋고, 좋아하는 DVD를 계속 돌려보거나 수집품에 파묻혀 있어도 좋고, 게임에 몰두하거나 침대에서 책을 읽어도 좋다. 본인만의 페이스와 세계를 만끽할 수 있는 시간을 마련하자. 만일 그러한 시간을 빼앗긴다면 머리가 혼란스러워 피로가 회복되지 않고 에너지가 고갈돼 정신 건강도 나빠지고 만다.

파워 냅 시간을 갖는다

장애 특성은 그날의 심신 상태에 따라 그 정도가 달라진다. 숙면하지 못하거나 짜증이 날 때, 피곤할 때는 특성이 강하게 표출된다. 그러므로 되도록 피로를 쌓아두지 말고 평소의 컨디션을 유지하는 일은 매우 중요하다.

장애 특성이 있는 사람은 다양한 일에서 두뇌를 풀가동시킨다. 혹은 주변의 여러 자극에 민감하게 반응하면서 일한다. 그러므로 생각보다 훨씬 더 머리가 피로해지고 오후가 되면 녹초가 되는 일도 적지 않다. 피로의 원인은 체력 고갈이라고 생각하기 쉽지만, 사실 신체적인 피로보다는 두뇌의 피로 때문이다. 그러므로 짧은 시간이라도 머리를 자주 쉬게 해야 한다.

점심을 먹고 난 뒤 스마트폰이나 컴퓨터 화면을 보면서 남은 점심시간을 보내지 말고, 10~30분 정도는 눈을 감고 낮잠을 자보자. 남은 오후를 버티는 데 도움이 될 것이다. 이를 가리켜 '파워냅power nap'이라고 하는데, 기력을 충전하기 위한 짧은 낮잠이라는 사전적 의미를 지닌 단어다.

낮잠이라고 해도 짧은 시간에 불과하므로, 완전히 잠드는 건 아니다. 하지만 눈을 감고 빛과 소리 등 외부의 자극을 최대한 차단하면 머리를 식히는 효과가 있다. 안대, 귀마개, 베개, 담요 등을 이용해 짧은 시간이라도 효과적으로 피로를 풀 수 있는 방법을 연구해보도록 하자. 자신의 책상뿐 아니라, 차로 출퇴근하는 사람은 자신의 차 안이나 인적이 드문 벤치 등 회사로부터 약간 떨어져 있거나 사람들의 눈을 피할 수 있는 조용한 곳을 발견해두는 것도 하나의 방법이다.

업무 중에도 적절하게 휴식한다

앞서 말한 바와 같이 머리를 쉬게 하는 일은 본인에게 도움이 되는 유용한 방법이다. 잠자는 것과 더불어 업무 중간에 적절하게 휴식을 취하거나 머리를 식히면 좋다. 1~2시간에 한 번씩 책상 옆에서 간단하게 스트레칭하거나 세수하기도 하고 물을 마시거나 아로마 향을 맡는다거나 좋아하는 사진을 몇 분간 바라보거나 사무실을 한 바퀴 돌거나 앞서 언급한 호흡을 의식하는 등의 행동이 여기에 해당한다.

발달장애 특성 중에는 주의가 산만해 집중할 수 없는 증상도 있는 반면, 지나치게 집중하는 '과집중' 증상도 있다. 과집중 상태에서는 주변 상황을 알아차리지 못하거나 자신의 몸 상태를 깨닫지 못한다. 자신의 몸 상태란 약간 피곤하거나 요의를 느껴 화장실에 가고 싶다거나 목이 마른 상태 등을 가리킨다. 이러한 상태를 알아차리지 못할 정도의 과집중 상태가 계속되면, 나중에 피로가 확 밀려오게 된다. 정신을 차리고 보니 저녁을 먹고 싶은 생각도 없어질 정도로 피곤할 때도 있다. 이러한 상태라면 다음 날 아침에 일어나지 못해 지각하거나 결근할지도 모른다.

업무에 무섭게 집중한 뒤 다음 날 회사를 쉬는 모습은 주변 사람들 눈에 근무 태도가 불균형하고 불안정하다는 인상을 심어줄 수 있다. 그러므로, 앞서 이야기한 1~2시간에 한 번 정도로 머리를 식혀주어야 한다. 다만, 쉬어야 한다는 생각조차 떠올리지 못할 때는 한 시간에 한 번 진동이 울리도록 설정해 놓은 알람을 주머니에 몰래 넣어두는 방법 등을 연구해볼 수 있다.

회의적 · 피해적 감정 깨닫는다

저조한 기분은 다른 사람에게 분노를 표출할 때의 전조증상과 같다. 다른 사람을 회의적으로 보거나 다른 사람으로부터 피해를 받는다는 감정이 커지기 때문이다. 저 사람은 나에 대한 비난을 돌려 말하고 있다, 분명 연락을 했는데 들은 바 없다는 건 어떠한 악의가 섞여 있는 것이다, 역시 모두 나를 바보 취급하고 있다, 나는 끼워주지도 않고, 자기들끼리 점심을 먹으러 가거나 놀러갈 것이다, 와 같이 사소한 일에도 다른 사람의 비난이나 비방, 빈정거림이나 악의가 담겨있다고 받아들이기 쉽다.

애초에 불안해하거나 긴장하고 있는 상황에 이러한 상태가 더해지면 우호적인 모습을 유지할 수 없게 된다. 항상 분위기가 날카롭고 가시 돋친 말과 공격적인 태도를 취하고 있으면 상대방도 당연히 이에 반응하게 되므로 큰 문제로 번지지 않았다 하더라도 주변과 점점 멀어져 고립되고 만다. 회사에서 고립되면 업무도 원활하게 돌아가지 않고, 다양한 오해와 문제를 낳는다. 실제로 오해와 문제가 쌓이면 회의감과 피해감이 계속 생겨나는 악순환으로 이어진다.

그러므로 주변에 대한 막연한 회의적·피해적인 기분을 느낀다면 이를 빨리 깨닫고 믿을 수 있는 사람에게 자신의 기분을 이야기하거나 잠을 푹 자거나, 또는 본인이 편히 쉴 수 있는 시간을 확보해야 한다. 이러한 방법을 통해 자신의 심리 상태를 조절할 수 있기를 바란다.

반갑게 인사한다

초등학생도 아니고 인사가 웬 말이냐고 생각할 수 있겠지만, 인사는 매우 중요한 사회생활 기술이다. 동서고금을 막론하고 인사라는 행동 양식은 늘 존재했다. 인사하기는 상대방에게 적의가 없다는 표시로 우호 관계를 쌓기 위한 토대다. 제아무리 말을 잘하거나 남의 비위를 잘 맞춘다 하더라도, 인사를 하지 않으면 아무런 소용이 없다.

발달장애 특성 중에 얼굴이나 표정을 인식할 수 없고 누군지 알아보지 못하는 '안면인식장애'가 있다. 같은 회사라면 그때 그 장소에 있는 사람은 대략 알 수 있지만, 밖에서 우연히 만나면 알아보지 못하기도 한다. 또, 다른 회사의 영업사원이나 고객의 얼굴을 못 알아보기도 한다. 누군지 인식할 수 없으면 인사하기도 어렵다. 주변으로부터 인사하지 않는 사람이라던가 사람을 무시한다는 오해와 반감을 사기도 한다. 만일, 얼굴을 잘 알아보지 못한다면 몸짓이나 복장, 특징적인 신체 부위를 기억하는 것도 하나의 방법이다. 그리고 회사에서 만난 사람이라면 누가 되었든 일단 인사하기로 하자.

앞서 이야기한 것처럼, 인사란 상대방에게 적의가 없으며 우호적인 관계를 맺고 싶다는 사회적 행동이므로 밝게 인사해서 나쁠 것은 없다. 아침에 사무실 문을 열고 들어오는 사람이나 이미 출근한 사람들을 향해, 또는 자기 자리에 앉아있는 사람들의 옆을 지나가면서 반갑게 인사한다면 나에 대한 인상이 한층 더 좋아질 것이다.

반갑게 인사하는 방법에는 몇 가지 포인트가 있다. 하나는 고개를 들고 가슴을 살짝 펴는 것이다. 바닥을 보며 "좋은 아침입니다."라고 말한들 목소리도 들리지 않을뿐더러 활기차 보이지도 않는다. 그리고 입꼬리를 살짝 올려 웃는 얼굴을 만들자. 무뚝뚝하고 부루퉁한 표정으로 인사하면 받는 사람의 기분이 그리 유쾌하지는 않다. 또한, 소리가 크지 않더라도 상대방에게 확실히 들릴 정도로 목소리를 내자. 작게 소곤대는 목소리로는 인사하지 않는 것과 마찬가지다. 유연 근무제이거나 출근하자마자 만나는 경우가 아니라면, 웃는 얼굴로 가볍게 목례만 하는 방법도 있다.

또 한 가지 중요한 포인트가 있다. 전날 회의에서 기탄없이 논의했거나 동료와 의견이 충돌했거나, 혹은 상사에게 질책당했다 하더라도 다음 날 아침에는 평소와 다름없이 밝게 인사하자. 회사에서 계속 충돌한다고 해서 그 사람의 인격이나 존재를 부정하려는 것은 아니다. 상대방을 깎아내리려거나 상처 주려는 의도를 가지고 싸우는 것이 아니기 때문이다. 업무상 일어난 의견 대립과는 확실하게 구분해, 당신의 적이 아니고 당신을 모두 부정하는 게 아니라는 의사를 인사로 표현할 수 있다는 사실이 중요하다. 이것이 가능한 사람은 사회적으로 성숙한 사람으로 인정받기도 한다. 그러니 인사의 기술을 꼭 익히기를 바란다.

제5장

판단 불안을
줄이는 법

여기서는 회사에서 판단할 때 느끼는 불안이나 공포심을 줄이는 방법, 제대로 된 지원을 받기 위한 핵심을 이야기하겠다.

등급표를 만든다

제3장에서 판단에 크게 영향을 미친다고 여겨지는 네 가지 특징을 설명했다. 그중 하나인 대략적인 정도를 파악하는 게 어렵다는 특징에는 등급 평가라는 방법이 유용하다.

등급 평가란 어떠한 일의 기준이 되는 등급을 분류하는 것, 혹은 수치화하는 것을 가리킨다. 기준이 명확하지 않고 애매한 일은 기준을 잡아 등급으로 나누면 그 수준을 쉽게 파악할 수 있게 된다.

발달장애 특성 중에서도 '대략적인 정도'를 파악하기 어려워하는 특성은 다방면에 거쳐 상당한 영향을 미친다. 지금 내가 휴식을 취해야 할 정도로 피곤하다고 파악하는 일도 그렇고, 한 달 이상이나 업무가 진척되지 않아 짜증이 나는 상황을 '큰일'로 인식하지 않게 만들기도 한다. 업무의 진척도나 내용을 장황하게 계획하는 이유도 된다. '여러 상황을 고려했을 때 대략 이 정도의 노력을 들이는 게 타당하다'고 가늠하지 못하므로 그 업무에만 최적화된 이상적인 계획을 세우게 된다. 표면적으로는 완벽주의나 꼼꼼한 사람이라는 소리를 들을지도 모르지만, 사실은 그게 아니라 본질적으로 애매한 것을 파악하는 일이 미숙하다는 특성에서 비롯되었다고 할 수 있다.

애매한 것의 수준을 나누어 시각화하는 일은 다음 페이지의 그림을 통해 확인할 수 있다. 표를 보면서 새로 시작하려는 업무의 수준(저 · 중 · 고)에 맞게 자신의 업무 모드를 조율하고, 등급 평가에 따라 머릿속을 설정하는 일부터 시작한다. 조율과 설정 없이 시작하면 어떻게 될까? 쓰러질 때까지 계속 일하거나 사소한 부분까지도 지나치게 꼼꼼히 작업하기도 하고 아무리 힘들어도 입을 꾹 다물게 된다. 이를 막기 위해 등급 평가는 눈으로 확인할 수 있도록 도표로 만들어 두자.

나는 얼마나 피곤할까?

*아래는 어디까지나 예시다. 자신의 생활과 행동에 맞게 작성하고, 실생활에서 피곤함을 파악할 때 활용하도록 하자

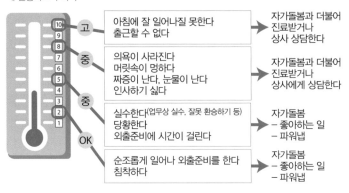

상담이 필요할 정도로 곤란한 일일까?

*아래는 어디까지나 예시다. 자신의 업무와 역할에 맞게 작성하고 회사에서 발생한 곤란한 일을 깨달을 수 있게 활용하도록 하자

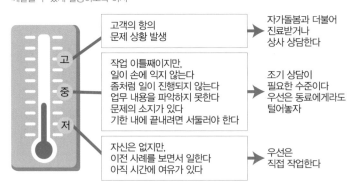

어느 정도로 일해야 적절할까?

*아래는 어디까지나 예시다. 자신의 업무와 역할을 감안해 어디에 맞게 일할지 조율하도록 하자

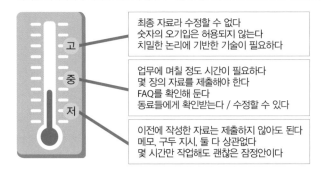

일지를 쓴다

산만하고 정리하기 어려워하는 특성이 있다면 하루 동안 있었던 일을 되짚어본다는 의미에서 일지 쓰기를 추천한다. 시간 순서에 따라 오늘 한 일과 그 일을 할 때 걸린 시간을 쓰면 된다. 이를 통해 오늘 하루 동안 무슨 일을 했고 무얼 하지 않았는지, 어떤 일에 얼마나 시간을 투자했는지를 다시 살펴볼 수 있다.

하루 동안에 있었던 자신의 언행을 객관적으로 바라볼 수 있게 되면 그것을 어떻게 수정해야 할지 쉽게 파악할 수 있고 다음 날 어떻게 일할지도 떠올리기가 수월하다. 또한, 어수선하게 이거 했다가 저거 했다가 하는 느낌이 정리되므로 성취감이나 심리적인 안정감, 자기긍정감으로도 이어지게 된다.

일지의 마지막에는 깨달은 바와 주의해야 할 일, 다음날 꼭 끝내고 싶은 일 등을 메모하면 좋다. 다만, 일지 쓰기에 몰두한 나머지 시간을 허비한다면 일지를 쓰는 목적을 잃어버릴 수 있으니 주의해야 한다. 일지 쓰기는 10~20분 정도면 충분하다.

정기적으로 정리한다

일기를 써서 하루를 되짚어보는 일은 혼란스러운 머릿속을 정리하는 데 도움이 된다. 물리적인 부분도 엉망이라면 정기적으로 정리하는 시간을 가지는 편이 도움이 된다. 널브러진 물건을 어느 정도 정리하면 머릿속의 혼란도 수습되어 생각하기 수월해진다. 특히 회사에서는 책상 위나 아래, 주위까지 서류가 산더미같이 쌓이지 않도록 정기적으로 정리하는 시간을 가지도록 하자.

다만, 앞서 이야기한 것처럼 전부 버리거나 무엇을 정리지 알 수 없는 상태에 빠지기도 한다. 가능하다면 버릴 것과 버리지 않을 것을 분류할 때 조언을 듣는 방법도 있다. 또한 정리할 때 내용을 알 수 없게 분류하거나 박스에 넣어둔다면 일이 있을 때마다 찾는 수고가 생긴다. 물건을 넣을 때는 안의 내용물이 보이게 하거나 바깥에 내용물의 이름을 적어두거나, 또는 낮은 높이의 수납함에 넣어둘 필요가 있다.

대청소는 엄청난 수고가 필요하므로 무심코 뒤로 미뤄버리기 쉽다. 그러니 일 년에 몇 번은 다른 이의 도움을 받으며 대청소한다는 계획을 세우거나, 매주 월요일에는 아침에 30분씩 일찍 출근해 자리를 정리하는 루틴을 만드는 것도 좋은 방법이다. 누군가에게 도움을 받거나 함께 대대적으로 정리하는 일이 어렵다면 버리는 물건을 담는 상자를 만들어 버리려는 물건을 넣어 두고 그 상자의 내용물만 다른 사람에게 확인해달라고 부탁하는 방법도 있다.

집중할 수 있는 장소를 확보한다

주변 소리나 북적거림 등의 자극에 반응해 주의력이 흐트러지기 쉬운 사람은 집중할 수 있는 환경을 마련하는 일이 중요하다. 예를 들자면, 인기척이나 소음이 적은 장소에 책상을 배치하기, 벽과 창가를 향해 책상 배치하기, 식물이나 파티션을 놓아 시야를 차단하기 등의 방법을 시도해볼 수 있다. 이러한 장소를 확보할 수 없다면 시간과 업무 내용을 한정해 별실 이용을 허가받을 수도 있다. 단, 귀마개는 고객 응대나 전화 응대를 방해하므로 일정한 시간대, 혹은 집중하고 싶은 업무를 할 때만 사무실 한쪽에서 이용할 수 있도록 허락을 받아야 한다.

집중하고 있을 때를 알리는 방법도 있다. 누군가가 불쑥 말을 거는 등 업무를 방해한다면 머리가 혼란스러워지거나 원래 업무에 다시 집중하는 데 시간이 걸리기 때문이다. 업무 집중 시간(말을 걸지 말았으면 하는 시간)을 확보할 수 있으면 좋겠지만, 매번 나중에 말을 걸라고 할 수도 없으니 이런 방법을 사용해 보자. 책상 위에 '급한 용무가 없으시면 ○시부터 말을 걸어주세요', '지금은 집중 시간입니다'와 같은 '알림 메모'를 클립에 끼워 세워두면 집중하는 시간을 확보할 수 있다. 혹은, 인트라넷이나 메신저 상태 메시지를 적어두는 것도 좋다. 업무나 입장, 역할에 따라 빈번하게 업무가 방해받는 경우는 일정 시간만이라도 집중할 수 있을 때 업무의 진행 정도가 확연하게 달라진다.

물론, 이러한 방법을 직장에서 실천하려면 상사나 주변 사람들에게 자신의 특징을 확실히 설명하고 이해를 구해야 한다. 가령 업무 집중 상태를 표시할 때는 무례한 인상을 주지 않도록 일러스트를 추가하는 등 심리적인 저항감을 없애는 방법도 생각해볼 필요가 있다. 그렇지 않으면 불필요한 오해를 불러일으키고 다툼의 원인이 될 가능성이 있다.

듣기 쉽게 이야기한다

제3장에서는 일할 때 사용하는 일시적인 기억(작업 기억) 능력이 떨어져 시각 정보가 제대로 입력되지 않는 경우를 이야기했다. 그 해결 방법을 설명하기로 한다.

문장화·도식화된 것이나 항목별로 작성한 메모와 같은 시각 정보를 받는 일, 시각화된 것을 보면서 간단하게라도 설명을 들으면 이해하기 쉽다는 사실은 앞서 충분히 설명했다. 일대일이라면 "죄송합니다. 잠시만요."라고 말하고 메모할 시간을 확보할 수도 있지만, 만일 말하는 도중에 끼어드는 일이 어려워 보인다면 일단 이야기가 다 끝난 다음에 메모하고, 그 자리에서 그 내용을 확인할 수도 있다.

메모는 손으로 적어야 할 것 같지만, 컴퓨터나 스마트폰을 휴대할 수 있는 회사라면 타이핑하는 편이 훨씬 편한 사람도 많을 것이다. 회의록의 정리처럼 어느 정도 정확성이 요구되는 경우는 일단 녹음해두면 좋다. 또한, 시끄러운 장소나 전화를 받아야만

하는 상황에서는 상대방의 이야기를 더욱 알아듣기 어려우니 중요한 이야기를 할 때는 시간을 정한 뒤 되도록 조용한 곳에서 이야기하면 된다.

전화를 받는 업무는 청취 정보의 입력이 어려운 사람에게는 매우 힘든 일이다. 일단 받아야 할 전화가 울리는데 이를 눈치채지 못하거나 전화를 늦게 받기도 하고, 전화를 받아도 내용을 놓칠 위험도 있다. 전화를 받는 시간을 정하거나 전화 업무가 중요하다면 전화 대신 메일 연락 업무를 담당하는 등 업무 배치에 관한 연구를 검토받도록 하자.

휴식 중에는 얼마든지 이어폰이나 귀마개를 쓸 수 있다. 업무 시간에는 일정 시간만이라도 사용할 수 있다면 청각을 통한 자극을 적절하게 막고 뇌 또한 쉴 수 있어 업무 능률이 향상된다. 그러므로 업무 중 잠깐이라도 사용할 수 있도록 요구하는 방법도 생각해보길 바란다.

상사와 정기적으로 면담한다

상사와 면담을 할 수 있도록 미리 약속을 잡는다. '보고 · 연락 · 상담'을 위한 접촉이 아니라 사전에 정기적으로 접할 기회를 얻어 두는 것이다. 그리하면 상황을 가늠하거나 상사와 이야기를 나눌 타이밍을 재거나 어떠한 내용에 대해 말할지 등 곤란함의 정도에 대해 생각하지 않아도 된다.

무엇보다 사소한 내용까지도 확인할 수 있어 자주 안심할 수 있다는 점이 더 중요하다. 일부러 '보고 · 연락 · 상담'을 신청할 정도로 명확한 문제가 있는 것도 아니지만, 이렇게 해도 되는지 몰라서 항상 느끼는 불안에 대해 작은 보증을 얻을 수 있으니 크게 안심하게 된다. 만약 앞서 이야기한 것처럼 구두지시를 알아듣기 어려운 특성이 있다면 메모하는 방법을 연구하거나 되도록 조용한 장소에서 면담하도록 한다.

곧, 상사와의 면담은 '상사와 일대일로', '정기적'으로 '짧게', '자주', '조용한 곳'에서 '계속하고', '메모하는(메모를 받아 적는)' 것이 핵심이다. '매주 수요일 아침 회의 전에 옆의 소회의실에서 15분 면담'과 같은 식이다. 이 면담에서는 대단한 상담이나 보고를 한다기보다 이전 면담부터 오늘까지 있었던 일이나 지금 하고 있는 업무의 진척 상황이나 구체적인 방법에 대해 본인이 담당하는 업무를 전체적으로 전달한다. 최대한 모든 내용을 전달하려고 하는 사이 본인이 알아차리지 못했던 문제를 조기에 발견할 수 있게 된다. 이때, 일지를 공유하면 이야기를 하기 쉽고 상대방 또한 이해하기 쉬워진다.

물론, 업무가 제대로 나아가질 않는다거나 진행중인 방법에 불안함을 느낀다면 그 자리에서 전달해야 한다. 만일 사전에 정한 시간 안에 이야기가 끝나지 않는다면 따로 약속을 잡아 정기적인 일대일 면담이 제대로 이뤄지도록 하는 일이 중요하다. 면담 시스템이 망가져 어느샌가 정기적인 면담이 사라지지 않도록 상대방에게 부담을 주지 않는 루틴을 짜는 것도 요령이다.

시간을 의식적으로 관리한다

　살짝만 수정하려던 업무에 긴 시간 몰두하거나, 잠깐 서서 잡담을 나눌 셈이었는데 이야기가 길어지기도 한다. 또, 일단 집중하면 몇 시간이나 화장실도 가지 않고 꼼짝 않는다거나 아침에 집을 나서기까지의 시간을 제대로 조절하지 못하는 등 자신의 행동과 소요 시간 사이의 균형이 이그러질 때가 있다. 제감상 얼마나 시간이 지났는지 파악하기 어렵고, 또 일단 시계를 보면 그 시간만이 머릿속에 각인되어 시간이 흘렀다는 사실을 인식하지 못한다. 또 소요 시간의 예측과 같은 추상적인 계획을 파악하지 못하고 자신의 페이스를 바꾸어 서둘러 행동하다보니 고통스러워하기도 한다.

　일할 때는 시간 감각이 매우 중요하다. 그렇지 않으면 약속한 시간에 제때 도착하지 못하거나 업무 기한을 어기기도 하고, 쓸데없는 일에 시간을 낭비하거나 장시간 일을 하게 되는 등 다양한 문제를 낳을 위험이 있다. 예를 들어 업무 시간을 관리할 때는 완성도에 납득될 때까지 하지 말고 마감 시간을 미리 정해두자. 두 시간이 지나면 알람이 울리도록 설정하는 식이다. 그러나, 행동의 전환이 느리고 고집이 있으면 알람이 울려도 일을 멈출 수 없다. '알람이 울리면 화장실에 간다'와 같이 다음 행동을 사전에 정해 두고 잠시 휴식을 취한 뒤 업무 상황을 점검한다면 시간을 분배하는 데 도움이 된다.

　잠깐 나누는 이야기나 잡담은 회사에서는 길어도 10분 정도로 정하자. 대화를 일단락 짓기 수월해진다. 참고로, 이야기를 끝내고 싶다고 해서 대화 도중에 "시간이 다 되었다."와 같은 말을 하면 상대방에게 안 좋은 인상을 심어줄 수 있으므로, "이제 자리로 돌아가야겠다. 고맙다"처럼 고마운 마음도 자연스레 전달하면 좋다. 왜 여기서 '고맙다'라고 해야 하는지 의문이 들 수도 있다. 이 경우, '고맙다'는 자신과 이야기해 주어서 고마웠다, 또는 유익한 정보를 주어서 고마웠다, 내게 시간을 할애해 주어서 고마웠다 등의 뜻이 담겨있다. 감사의 이유를 말로 표현할 필요는 없지만, 그 자리를 떠나면서 자연스레 전달하는 '고맙다'라는 말은 인간관계를 밝게 해주는 선물과 같다.

업무 목표를 세운다

아무리 열심히 일했다 하더라도 그 일을 필요로 하는 사람이 기대한 결과와 너무 다르면 아무 소용 없다. 그리고 동시에 자신에 대한 신뢰나 평가가 하락할 수도 있다. '기대하는 결과'라는 표현 때문에 주변이 마음대로 정한 기대에 맞추고 싶지 않다거나, 상사와 고객의 기대가 잘못되었다거나 내 방식이 맞다고 생각할 수도 있다. 하지만, 이는 그 작업의 '내용', '정도(업무 분량, 업무 진척도는 어느 정도인가)', '속도(언제까지 마무리할 수 있는가)'가 타당하느냐는 표현으로 바꾸어 표현할 수 있다. 물론, 좋은 의미에서 상대방의 기대에서 벗어난, 즉 깜짝 놀랄 정도로 좋은 내용일 때도 있다. 그러나 기본적으로는 우선 이 세 가지가 타당한지를 검증하고 목표를 세워야 한다.

업무를 의뢰받았을 때 그 일과 관련해 '내용', '정도', '속도'에 대한 자신과 상대방의 인식이 일치하는지를 확인하도록 하자. 지시나 회의가 끝난 뒤에 바로 확인하는 등 되도록 배정받고 나서 시간이 얼마 지나지 않았을 때 목표를 세우는 일이 중요하다. 특히, '내용'은 어떠한 맥락에서 그 일이 필요한지, 자기가 한 일이 어떻게 활용될지 파악하게 되면 업무의 전체적인 이미지를 떠올리기 쉬워진다. 단, 국지적인 시점에서 뭘 하면 되는지만 확인하지 말고 전후 맥락을 확인해 전체적인 모습을 파악하는 일이 중요하다.

'정도'와 '속도'에 대한 목표 역시 세울 필요가 있다. 작업해야 할 '내용'은 틀리지 않았다 하더라도, 어느 정도는 시간과 업무 과정을 설정해 얼마만큼의 분량으로 제출해야 적절한지는 파악하는 방법에 따라 상당한 차이가 생긴다. 이를테면 상사는 A4 한 장이면 충분하다고 생각할 수 있고, 또는 기존 자료면 충분하니 몇 시간 뒤에는 받아볼 거라 생각했지만, 작성자는 온갖 정보를 조사해 취합한 것을 제출하여야 한다고 생각할 수 있다. 이 경우 업무 과정이나 분량, 제출일 또한 상사의 생각에서 크게 벗어나게 된다.

커뮤니케이션 방법을 연구한다

이미 설명한 대로, 적절하게 판단하려면 우선 정확하게 정보를 입력(인풋)해야 한다. 그러려면 어떻게 입력해야 이해하기 쉬울지를 연구해야 한다.

제2장에서도 언급한 바와 같이 구두지시보다는 시각화된 정보를 함께 입력하면 업무 이미지를 쉽게 파악할 수 있다. 시각화된 정보를 바탕으로 말로 확인할 수 있다면 더욱 좋다. 또 95~96쪽에서 언급한 상사와의 정기적인 미팅도 이용해 자주 방향을 수정해도 괜찮다. 굳이 확인할 필요가 있는지, 지금 말해도 되는지를 생각하지 말고, 하나라도 되도록 빨리 확인해야 한다는 사실을 기억한다면, 큰 문제 없이 마무리할 수 있다.

'메일' 또한 시각화할 수 있으므로 이해하기 쉬운 유익한 커뮤니케이션 도구다. 그러나, 모든 일을 메일로만 처리한다면 감정이 상할 수도 있다. 당연한 이야기이지만, 커뮤니케이션은 상호관계다. 상대방의 생각을 받아들이는 것은 물론, 내 생각 또한 상대방에게 전달해야 한다. 메일은 '문자' 이외의 시각적인 정보를 배제한 커뮤니케이션이므로 얼굴을 맞댔을 때 상대방에게 전달되는 인상을 문자로 바꾸어 전달해야 한다. 용건만 간결하게 전달한다거나, 무미건조한 문서만 전달한다면 마치 상대방에게 실례를 범하는 듯한 인상을 줄 수 있다.

그러므로, '바쁘신 와중에 죄송합니다', 'ㅇㅇ에 대해 알려주시면 감사하겠습니다', 'ㅇㅇ해 주셔서 감사합니다' 등 상대방에 대한 존중이나 감사의 표현을 넣어줄 필요가 있다. 때로는, 개인적인 화제를 가볍게 거론하거나 상대방의 건강을 염려하는 등, 용건과는 직접적인 관련이 없는 내용도 추가하면 메일이라 하더라도 훈훈하게 커뮤니케이션할 수 있다.

나아가, 최근에는 재택근무의 확산으로 메일뿐 아니라 화상회의를 포함한 온라인상의 커뮤니케이션도 증가하고 있다. 재택근무에서는 동료나 상사를 직접 마주해야 하는 번거로움이 크게 줄어들 가능성이 있다. 잡담은 채팅 기능 등으로 보완한다고 해도, 어쨌든 커뮤니케이션은 어떠한 의도가 있어야 성립된다. 한자리에 모여야만 가능한 자연스러운 커뮤니케이션도 있는데, 이런 기회를 통해 정보를 수집하거나 서로의 동향을 파악하는 일이 어려워질 수도 있다. 이런 상황에서는 업무 방향의 수정이 늦어지거나 예상치 못한 곳에서 서로의 의견이 어긋날 수도 있으니 주의가 필요하다.

야근은 효율적으로 한다

발달장애 특성은 결국 야근이 늘어나는 결과를 낳기도 한다. '몰두하는 일을 '단락'으로 나누고 그 부분까지 끝내지를 못한다.', ''적절한 정도'를 가늠하지 못해 그만 계획이 장대해져 업무 분량이 늘어난다.', '이것저것 업무에 손을 대다 보니 할 일이 늘어난다.', '하나의 일에 깊게 몰두해 버린다.', '주변 움직임에 신경이 뺏겨 좀처럼 집중할 수 없다.' 이러한 것들 때문에 일하는 시간이 늘어나게 된다. 연일 늦게까지 야근하게 되고, 야근 시간이 눈에 띄게 늘어나고 마는 것이다.

만성적인 야근은 당연히 피로의 축적으로 이어질 위험이 있다. 다만, 늘어난 근로시간은 자신의 업무 방식이나 페이스에 따라 일할 수 있으므로 어느 정도 균형이 유지된다고 보기도 한다. 오히려 근로시간을 엄격하게 관리받게 되면 자신의 페이스에 따라 일하지 못하게 되어 균형이 무너질 수도 있다. 최근, 야근에 대한 규제가 강화되거나 노 야근 데이도 신설되는 상황 속에서 자신의 페이스대로 일을 진행할 수 없다며 괴로움을 호소하는 사람들도 있다. 자신의 페이스를 방해한다는 생각에 근로시간을 관리하는 상사와 충돌하기도 한다.

물론, 야근을 계속해도 피곤을 느끼지 못할 수도 있다. 알아차렸을 때는 이미 출근할 수 없을 정도로 피로가 쌓인 후다. 이처럼, 발달장애 특성이 있는 사람의 근로시간은 양날의 검과 같아 관리하기 무척 어렵다. 즉, 야근은 업무 집중력과 나만의 업무 페이스가 조화를 잘 이뤄야 한다. 특히 자기 업무 속도를 확보할 수 있다면 스트레스 없이 무사히 업무를 끝마칠 수 있다. 다만, 과도한 업무 집중력은 진이 다 빠질 정도로 체력을 소모시킬 수 있으니 주의하여야 한다.

문득 시계를 보니 한밤중이라거나, 자신의 고집대로 했더니 한밤중이더라는 식의 상황을 피해야 한다. 하지만 야근 시간을 미리 계획한다 한들 일에 집중하면 잊어버릴 수 있으니 알람을 맞취두거나 주변 사람에게 알려달라고 할 수도 있다. 상사와 퇴근 시간을 확실하게 정하거나 한 시간마다 '피곤함의 정도', '식사 여부' 등을 스스로 확인해야 한다.

집중하면 일을 마무리 짓지 못하는 버릇이 있으니 조심해야 한다. 자기 자신을 이해하거나 피곤함의 신호를 등급표에 반영시킨다면 집중한 나머지 기진맥진해질 때까지 오랜 시간 일하는 것을 막을 수 있을 것이다.

제6장

나다운 업무 스타일을 찾는 법

일은 어떠한 형태든 나라는 자원을 사용해 누군가에게 도움을 주거나 무언가를 만들고 그 대가를 받는 행위를 말한다. 자기 자신을 사용해 돕거나 생산하므로 본인이 이해되지 않는 방법, 딱 맞아 떨어지지 않는 방법으로 무리하게 일을 진행하려고 하면 효율적이지도 않을뿐더러 피로와 문제의 원인이 될 뿐이다.

기존에는 일정하고 상식적 · 표준적인 방법에 따라 하는 일이 직원에게 요구될 뿐이었다. 그러나 앞으로의 생산 활동은 본인을 잘 이해하고 가장 좋은 성과물을 낼 수 있는 '나만의 방식'을 스스로가 자유자재로 구사할 수 있는 일이 중요하고, 또 그러한 사회를 만들어야 한다. 다른 사람과 같거나 비슷한 방법으로는 제 능력을 십분 발휘할 수 없고 충분한 성과물을 낼 수 없으며, 이와 동시에 자신을 다그치게 될지도 모른다.

만일 '나만의' 방법으로 진행한다면, 자기 자신이 가장 잘 알고 있어 그 방식의 설명을 다른 사람이 아닌 본인이 할 수 있어야 한다. 이는 자신이 하고 싶은 일만 한다거나 내 방법을 관철시킨다는 뜻이 아니다. 자신을 유효하게 활용하기 위해 이러한 방법으로 진행해야 결과적으로 목표를 무사히 달성할 수 있다는 방법을 다른 사람에게 이해시켜야 한다는 뜻이다.

아무런 설명 없이, 이해를 구하지 못한 채 독자적인 길을 걸으려고 하면 주변 사람들에게 오해를 사거나 고립될 수도 있다. 그러나, 설명만 적절하다면 쓸데없는 비난이 사라지고 필요한 협력을 얻기 쉬워지며 그 결과를 인정받게 된다. 여기에 더 추가하자면, 그렇게 각자의 특출난 방법으로 일을 하다가 상식을 뛰어넘는 결과를 낳을지도 모른다.

그럼, A 씨의 이야기를 읽어보고 중요한 포인트를 살펴보자.

5년 전 우울증 진단을 받은 A 씨는 2주일에 한 번 정도 병원에 간다. 과거에는 두 번 정도, 몇 개월간 회사를 쉰 적도 있다. 지금은 어떻게든 출근하고 있지만, 피로감이 쌓이면 한 주에 드문드문 반차 내지는 연차를 내고 있다.

처음 상태가 안 좋다고 느꼈을 때는 단순히 업무량의 증가로 일이 쌓여 압박감이 생겨서 그렇다고 생각했다. 그러나 업무량을 줄여도 상태는 변하지 않았다. 주치의는 본인이 깨닫지 못한 회사 내의 스트레스가 있을지도 모르니 지금까지 진행했던 약물치료와는 별개로 상담을 받아보자고 권유했고, A 씨는 카운슬러를 찾아갔다. 카운슬러는 업무의 상황이나 회사 환경은 물론, 어렸을 적 친구 관계나 학교생활, 직장생활 등 다양한 관점에서 질문했다. 거의 잊어버리고 있었던 것까지 짚어보는 과정에서 A 씨가 어렸을 적부터 경험해 온 실패의 상황과 업무와의 공통점을 점차 파악하게 되었다.

우울증을 진단 받기 전, A 씨는 지원 부서에서 사무 업무만을 담당했었다. 조용한 환경에서 비교적 자기 주도적으로 일을 할 수 있었다. 하지만, 5년 전부터 접객을 담당하는 부서로 이동해 고객의 움직임을 보며 일해야 했다. 그 무렵부터 사무 업무가 눈에 띄게 쌓이기 시작했고, 야근도 늘어났다.

접객이 주 업무는 아니었지만, 간단한 고객 대응을 해야만 했다. 바쁘게 오가는 고객을 보면서 일해야 하는 상황이 되자, 늘 머릿속이 시끄럽고 책상 앞에 앉아있어도 집중할 수 없고 항상 쫓기는 기분을 느꼈다. 그러한 상황 속에서 일을 계속하다 보니 동료나 고객이 질문하면 머릿속이 새하얘지면서 제대로 대답하지 못했다. 머리가 제대로 돌아가지 않으니 사무 업무도 더욱 쌓였다. 자신의 판단이 부족하다는 생각에 점점 자신감을 잃게 되었고, 일하는 게 괴로워졌다. 동시에 피로감도 심해져 항상 물 먹은 솜처럼 온몸이 무거웠다.

A 씨는 어렸을 적부터 얌전하지 못했다. 가만히 앉아있지를 못하거나, 물건을 자주 깜빡하기도 했다. 또, 갑자기 도로로 뛰쳐나가는 바람에 몇 번이나 사고를 당할 뻔했다. 나이를 먹으면서 차분해진 것처럼 보였지만, 취직하고 나서도 주변

의 상황에 따라 마음이 조급해져 서두르는 탓에 종종 주변으로부터 '침착하라'라는 주의를 받기도 했다. 항상 주위 소음이나 사람들의 움직임 같은 자극에 주의가 쉽게 흐트러져 일에 집중하기 어려웠다. 반면에 한 번 집중하면 주위를 신경쓰지 않는다. 말을 걸어도 알아차리지 못하고 화장실에 가는 것조차 잊어버릴 정도였다.

이러한 특징에 대해 A 씨와 카운슬러는 '자극에 쉽게 반응하고 주위 정보의 취사선택이나 주의력 배분이 미숙하다'라고 이해했다. 이로 인해 쉽게 혼란을 느끼며, 이에 따라 더 침착하게 생각할 수 없어 일이 답보 상태에 빠지거나, 말과 행동이 어수선해지며, 짜증이 나 다른 사람에게도 험한 말을 할 수 있음을 깨달았다.

A 씨는 새로 깨달은 자신의 특성을 주치의에게 알렸고, 주치의는 몇 가지 테스트를 거친 뒤 다시 진단을 내렸다. 그 결과, A 씨의 우울증은 발달장애 특성이 원인이라는 견해가 나왔다. A 씨와 카운슬러는 발달장애 특성을 가진 A 씨가 어떤 방식을 통해 업무를 진행하면 좋을지 상사와 상담하기로 했다.

A 씨는 상사에게 면담을 신청해 주치의와 카운슬러의 진단서를 전달했다. 그리고 '극도로 피로한 이유는 발달장애 특성이 관련이 있다. 회사에서 주변 소음이나 사람들의 움직임과 같은 정보에 민감하게 반응하고, 필요한 정보를 머릿속에서 정리하는 데 시간이 걸린다. 그러니 고객이나 유동인구가

많은 층에서는 다양한 소리나 분주함 때문에 주의가 산만해져 눈앞의 일에 집중하려면 엄청난 에너지를 소모하게 된다'라고 설명했다. 또한, 집중의 전환이 가능한 환경이라면 사무 업무의 진도가 빨라지고 접객도 가능하다고 전하며 상사와 업무 효율을 높일 방법을 논의했다.

그 결과, 유동인구가 많아 분주한 장소와 떨어진 곳에 책상을 놓고 반투명한 파티션을 설치했다. 또한, 사무 업무에 집중할 수 있는 요일과 시간을 정하고 책상 밑에 빨간 등을 설치해 고객 응대가 필요할 때면 불이 들어와 주의를 끌게 했다. 상사는 직원들을 불러모아 A 씨의 특성을 설명할 기회도 마련했다. A 씨와 상사로부터 설명을 들은 동료들은 흔쾌히 이해해주었다. 또한, 붉은 등은 모든 층에 설치했는데, 이는 A 씨를 비롯한 모든 직원에게 매우 유의미한 조치가 되었다.

나를 명확하게 이해한다

A 씨는 우울증을 진단 받고 오랜 시간 병원을 다녔으며, 카운슬러와 이야기를 나누면서 우울증이 발달장애 특성과 관련이 있다는 사실을 알게 되었다. A 씨도 처음에는 단순히 업무량이 많아졌기 때문에 상태가 나빠졌다고 이해했다. 그러나, 사무 업무가 쌓인 이유는 자리가 바뀌어 바쁜 환경에 노출된 탓에 장애 특성이 겉으로 드러난 영향이 크다고 보여진다.

결국 자신을 파악하지 않고서는 이야기를 진행할 수 없다. A 씨처럼 회사에서 받는 스트레스를 표층적인 것으로 받아들이고 그것이 유일한 원인이라고 단정하면 내가 편해지기 위해 무엇을 이해해야 하는지를 알 수 없게 된다.

A 씨는 고객이 방문하는 층의 상황에 신경 쓰는 등 주위의 자극에 반응하다 보니 항상 혼란스러웠다. 눈앞의 업무를 처리하기 위해 사용하는 집중력을 제대로 전환하거나 분배하지 못한 것이다. 이러한 상태가 극도의 피로로 직결되었다. 항상 머릿속이 복잡한 상태에서는 어떠한 일을 순서대로 침착하게 생각할 수 없게 된다. 그리고 피로가 심해져 우울한 상태가 되면 더 큰 사고력의 저하를 불러와 판단력이 흐려진다.

상황이 반복되자 A 씨는 자신은 판단력이 없고 일을 제대로 하지 못한다는 자기 부정의 감각이 커졌다. 질문을 받으면 불안과 긴장, 공포를 느끼게 되었다. 이러한 불안과 긴장은 더욱 사고력을 흐트러뜨리는데, 일이 생각한 대로 되지 않으면 더욱 악화되었다. 이와 같은 악순환이 오래 지속될수록 최초의 문제가 무엇이었는지 잊어버리게 된다.

A 씨는 우울증이 나타나는 과정을 다음 순서로 이해했다. '극도의 피로감 → 극도의 피로감은 항상 머릿속을 혼란스럽게 함 → 머릿속이 혼란해지는 이유는 주의력 산만과 집중력 저하라는 특성 때문 → 부서 이동 후 회사 환경, 업무 내용 때문에 특성이 드러남'. 즉, 자신을 적절하게 파악하는 일이란 단순히 '발달장애' 나 '우울증'과 같은 진단명을 제시해서 끝나는 문제가 아니다. 자

신에게 무슨 일이 일어나고 있고 어떤 상태를 일으키고 있는지를 '스토리'로서 이해해야 한다.

근본이 되는 특성을 파악한다

A 씨는 주치의의 조언을 따라 카운슬러와 대화했고 이를 통해 자신을 이해했다. 그러나, 회사 상사나 동료에게 자신을 설명할 때는 주치의나 카운슬러와 이야기하듯 길게 말하거나 많은 시간을 할애할 수 없다. 게다가, 상사와 동료는 의료 전문가가 아니므로 관련 지식이 없다는 전제가 따른다. 그러므로 누구든 알기 쉬운 '나를 설명하기 위한 하나의 키워드 또는 핵심 문장'을 마련해 두면 매우 효과적이다.

비단 회사 사람들을 위한 것만은 아니다. 내가 나를 이해하는 데도 크게 도움이 된다. 발달장애 특성은 사람마다, 또한 환경이나 때에 따라 겉으로 드러나거나 문제 행동으로 이어지는 방식이 다르다. 이를 일반 지식으로만 받아들이거나 모호하게 확인하면 자신의 특성을 이해한 줄 알았는데 그렇지 않았다는 걸 깨닫게 된다. 나 자신을 이해하기 위해 형태가 뚜렷한 '핵심 문장'이 필요한 이유이다.

즉 '발달장애'가 아닌 '나 자신'을 이해하는 일이 매우 중요하다는 사실이 핵심이다. 그러므로 자신에게 중요한 장애 특성을 나만의 표현을 사용해 하나의 키워드나 핵심 문장으로 이해해두면 항상 이를 기점으로 삼아 개선과 연구를 시작할 수 있다. A 씨도 하나의 핵심 문장을 카운슬러와 확실하게 공유했다. 아마도 A 씨에게는 다른 특성도 있었을 것이다. 하지만 모든 특성을 나열하기보다는 회사에서 일하는 A 씨가 업무할 때 가장 큰 장해가 되는 특성에 포커스를 맞추는 일이 중요하다.

자신의 핵심 특성을 바탕으로 자신을 이해하면 겉으로 드러난 다양한 문제들이 별개가 아니라 모두 같은 것에서 기인한나는 사실을 깨닫게 된다. 쉽게 피로해진다, 일 처리가 늦다, 바로 판단하지 못한다, 야근이 많다, 다른 사람에게 짜증을 부린다, 등은 언뜻 서로 관련이 없는 현상처럼 보인다. 하지만 A 씨가 쉽게 피로를 느끼고 업무가 쌓이며, 판단을 내리기 무서워하고 야근이 늘어나며 대인관계에 공격적으로 변하는 일은 모두가 '자극에 쉽게 반응하고, 주변 정보의 취사선택과 주의력 배분이 미숙하다'라는 특성에서 출발했다. '고객의 움직임과 사무 업무가 뒤섞인 부서는 너무 바빠 머릿속이 혼란스러움 → 머릿속이 혼란하면 효율적으로 일을 할 수 없어 짜증이 나고 공격적으로 변하기 쉬움 → 극도의 피로, 만성 피로를 느낌 → 그러면 우울해짐 → 우울과 불안, 긴장 때문에 원래 할 수 있는 판단도 할 수 없음'이 되는 것이다. 이처럼 장애 특성과 환경, 상황, 몸 상태를 연관 지어 이해할 수 있어야 한다.

전문가와 자기 이해를 공유한다

일반적으로 주치의의 진료 시간은 짧게 한정되어 있다. 주치의가 현재의 증상이나 가장 괴로움을 느끼는 상황에 대해 들은 뒤 적절한 처방을 내리면 진료가 끝난다. 때로는 최초의 문진이나 질문표, 오랜 경과 진찰, 직장 상사와 사내 의사가 전달한 정보를 통해 어쩌면 우울증의 온상이 되는 본인의 인지와 행동에서 발달장애의 특성 경향을 발견하기도 한다. 다만 확신 있게 본인과 이야기를 나누기에는 취합된 정보가 부족하고, 또한 본인이 나름의 균형을 잡으며 직장생활을 할 수 있으니 굳이 파헤치려고 하지 않을 수도 있다.

따라서 주치의는 특히 발달장애 특성의 경향을 보이는 이른바 그레이 존에 해당한다는 사실을 신중하게 언급해야 한다. 그러므로 전면에 드러난 우울증의 처리를 1차 목표로 삼는 것은 바람직하다고 볼 수 있다.

그러나, A 씨처럼 상담할 기회를 얻어 충분하게 정보를 얻었거나, 경우에 따라서는 특성 경향을 뒷받침할 테스트를 실시해 진료 대상자를 이해할 수 있는 스토리가 만들어졌다면 키워드와 핵심 문장을 파악한 뒤, 이를 주치의와도 공유함으로써 대상자의 특성을 함께 이해할 수 있게 해야 한다.

'자극에 반응하기 쉽고, 정보의 취사선택이나 주의력 배분이 어렵다'라는 A 씨의 핵심 문장을 전문용어로 표현하면 '주의 산만', '충동성', '과집중' 등이다. A 씨는 이러한 특성 때문에 사고가 혼란스러워지거나 초조해지고 주위와의 관계가 악화되면서 스트레스가 커진다고 한다. 주치의는 전문적인 관점에서 핵심 문장을 파악하며, 때에 따라서는 이러한 진단을 새로운 처방 내용에 활용하거나, 직장에서 배려를 받을 수 있도록 사내 의사 등에게 의견을 전달하는 일도 있다. 뭐가 되었든 주치의와 대응을 맞춰가는 일은 매우 중요하다. 주치의의 소견이 있다면 직장에서 본인의 특성을 설명할 때 신뢰도 또한 높아진다.

다만, 일방적으로 진단서 등의 문서를 넘기거나 읽어주기만 한다면 의료적인 관점만 강조될 수 있다. 자칫 직장에서 필요한 상호이해나 성공을 위한 방법을 연구하는 직장의 사기를 해칠 위험이 있다. 따라서 주치의나 카운슬러의 도움을 받으며 제대로 업무를 할 수 있도록 직장 상사나 동료와 함께 이야기를 나눌 수 있는 흐름을 만들어야 한다.

업무 필요성과 연결 지어 설명한다

회사에서 내 특성을 설명하는 이유는 무엇일까? 직장 상사나 동료에게 "실수하더라도 너그러이 봐주세요."와 같은 뉘앙스로 말한다면 회사로부터 진정한 이해를 구할 수 없다. 오히려 역풍을 맞을 수 있다. 이는 앞서 이야기한 전문가와 자기 이해 공유하는 것과도 연결된다. 주치의가 발행한 진단서와 같은 문서가 있다 하더라도 그 안에 회사 업무에 딱 맞게 적용할 수 있도록 구체적으로 표현한 것도 아니고, 실제 업무 현장에서 활용하기도 쉽지 않다.

회사에 설명할 때는 업무를 원활하게 수행하기 위한 입장과 무엇을 어떻게 하겠다는 구체적인 대책을 전달해야 한다. 내게 맞는 방법을 인정해주고 이해해준다면 결과적으로 무사히 목표에 도달하고 내가 가진 능력을 최대한으로 발휘할 수 있다는 사실을 알릴 필요가 있다.

회사란 원래 다양한 사람들이 모여드는 곳이다. 이들은 다양한 능력과 개성을 발휘해 서로를 보완하고 시너지 효과를 내며 새로운 가치를 만들어 간다. 그러므로 나 자신을 발휘할 수 있는 접근 방법 또한 추구할 필요가 있다. 따라서, 내게 맞는 방법으로 성과를 낼 수 있도록 이해해주길 바란다는 입장을 회사에 설명해야 한다. 근로자 지원프로그램(178쪽 참조) 등을 도입한 회사라면 카운슬러, 사회 복지사, 또는 사내 산업보건 업무 담당자와 함께 설명하는 연습을 할 수 있다. 훨씬 전달하기 편해질 것이다.

다만, 회사와 대화할 준비를 아무리 열심히 한들 받아주지 않는 곳도 가끔 있다. 또한 직장에 공개할지 말지는 본인의 의향이 가장 중요하다. 알리지 않고 되도록 본인에게 편한 업무 방식, 실현할 수 있는 방법을 주치의와 카운슬러와 함께 생각하는 일도 선택지 중 하나다.

나의 이익을 전체의 이익으로 만든다

사례의 마지막에도 서술하였지만, A 씨에 대한 배려는 비단 A 씨뿐만 아니라 다른 직원들의 업무 편의성과 효율의 향상으로도 이어질 수 있다. '부주의함'이라는 특성을 가진 사람이 고객의 서류를 분실했던 일을 계기로 전자서류가 도입되었고 종이 서류의 보관 장소와 보관법, 서류 확인의 절차 등을 재검토해 부서 전체의 능률이 향상되었다는 사례도 있다.

발달장애 특성이 있는 사람이 그 능력을 발휘하기 위한 방법을 연구할 때, 그 업무를 전체적으로 찬찬히 재검토해 보면 비효율적인 방법이나 관습화된 쓸데없는 절차, 명확하지 않은 역할 분담 등 개선이 필요한 점들이 눈에 들어오기도 한다. A 씨 때문에 만들어진 일이 결과적으로 다른 직원들의 업무에도 이점으로 작용한다면 더할 나위 없을 것이다.

업무에 관한 개선 사항을 이야기하다가 다른 사람에게도 적용할 수 있는 생각지 못했던 이점을 발견하거나, 다른 누군가를 도와줄 수 있는 '전체의 이익', '다른 누군가의 도움'과 같은 관점을 가지는 일도 중요하다. 회사나 상사는 이러한 사실을 반드시 알아야 한다.

제 7장

분노
통제하는 법

'분노'는 '불안'의 친척과 같다. 이 책의 서두에서도 언급했듯, 삶이란 태어난 순간부터 '판단하는 일'의 연속이다. 특히 직장에서는 항상 책임을 동반한 판단이 요구된다. 만일 '판단'에 자신이 없어 항상 불안해한다면 그 '불안'은 점차 '불만'으로, 나아가 '분노'로 바뀌어 간다. 동료나 상사, 회사 전체, 조직 전체, 때로는 더 나아가 사회에 대한 분노가 계속해서 끓어오를 것이다.

평소에는 자신 없다, 남들로부터 비난받고 싶지 않다는 '불안'과 '경계'에 마음을 지배당한다. 그래서 오히려 겸손하게 자세를 낮추고 본심을 숨기며 자신을 억누르고 있을지도 모른다. 그렇게 억눌린 다양한 감정이 어떠한 것을 계기로 폭발하면 '감정이 흘러넘쳐' 고함을 치거나 펑펑 울기도 한다. '분노', '불안', '공포', '고독감', '슬픔' 등이 뒤섞여 표출되면 본인도 견딜 수 없다. 이를 목격한 사람도 어떻게 달래줘야 할지 모르는 상황을 겪고나면 이후로 멀어질 수 있다. 분노는 에너지를 크게 소모하면서 다른 사람과의 거리를 벌려 고립시킨다.

분노가 늘 가슴속에 자리 잡고 있다면 아무리 열심히 해도 일이 제대로 풀리지 않는다. 하지만 분노는 부정적인 것만은 아니다. 때로는 나를 흥분시키기도 하고, 혁신의 기폭제가 되기도 한다. 이러한 분노는 '불안'과 연결된 감정이 아니다. 무언가를 더 좋게 바꾸기 위한 '희망'으로 향하는 분노다. '불안'하고만 연결된 분노는 아무것도 만들어내지 못하고 그저 자신을 소모시킬 뿐이다. 그러므로, 분노의 감정을 깨닫고, 이를 적절하게 다루어야 한다. 지금부터는 분노를 다루는 방법을 소개한다.

분노의 시작점을 인식한다

분노가 폭발할 때를 떠올려보자. 대개는 이성이 끊겨 내가 나를 제어할 수 없게 된다. 분노는 일단 폭발하면 막을래야 막을 수 없다. 누군가를 향해 폭발시키기도 하고, 물건을 때려 부수거나 고함을 지르기도 한다. 특히, 회사에서 분노가 폭발할 때는 대개 무언가가 분노의 방아쇠를 당기는 직접적인 계기가 된다. '○○씨가 나를 무척 무례하게 대했다', '상사가 말도 안 되는 일을 떠넘겼다'와 같은 식이다. 그래서 이 폭발한 분노가 정당하다고 주장하고 싶어지고, 방아쇠를 당긴 사람에게는 분노가 집중된다.

하지만, 분노가 폭발하는 때만 '화를 내는 건' 아니다. 사실 분노는 훨씬 전부터 이미 가지고 있었다. 이 감정이 갈 곳을 잃고 걷잡을 수 없이 넘칠 것 같을 때 들이닥친 어떠한 계기 때문에 분노가 폭발한 것이다. 그러므로 폭발했을 때의 상태뿐 아니라 그전 단계의 감정들도 알아두어야 한다. 앞서 언급한 바와 같이 그것이 '불안'이라는 형태에서 '불만', 그리고 '분노'로 변화하므로 '불안'이나 '불만'이라는 감정도 함께 이해하고 있어야 한다.

내 감정이므로 자각할 수 있다고 생각하기 쉽지만, 의외로 그렇지 않다. 자각은 내가 그 상태를 명확하게 깨닫고 있다는 뜻이다. 명확하게 깨달으려면 '말'로서 나를 객관화할 수 있어야 한다. 따라서 분노를 쏟아낸 뒤 왜 화가 났냐는 질문을 들었을 때, 그이유를 모른다면 내 감정을 자각했다고 볼 수 없다. 대부분 한창 그 감정을 표출하고 있을 때는 나를 객관화해 명확하게 깨닫기 어렵다.

더구나 제2장에서도 이야기했듯 시각화할 수 없는 애매한 일을 받아들이는 게 미숙한 특성을 가진 사람은 '불안'이나 '불만'과 같은 분노의 감정을 더욱 깨닫기 어렵다. 그렇기 때문에 내 상태를 깨닫는 일이 중요하다는 지식을 습득해 "지금 내가 화가 났구나.", "나는 이게 무서운 거로구나."하고 말로 표현해보는 일이 매우 중요하다.

또한, 감정은 시각화할 수 없지만, 분노가 올라오는 자신만의 기준을 세우는 방법도 있다. 앞서 불안은 불만이 되고 다시 분노로 바뀐다고 했는데, '불만'은 비교적 파악하기 쉽다. 'OO 씨의 업무 방식은 이상하다', '상사가 이해해주지 않는다' 등의 불만이 감정을 지배한다면 주의해야 한다. 얼마 지나지 않아 '분노'가 폭발하는 위험으로 이어질 수 있다는 뜻이기 때문이다. '불만'이나 '분노'를 알아차리고 '나는 화가 났다', '최근 불만이 쌓였네, 위험해', '○○가 거슬린다'와 같이 표현해보는 일이 중요하다.

마음속 신념을 깨닫는다

'신념'은 일반적으로 '좋은 의미의 확고한 개념'이라 여겨지지만, 사실은 '확고한 확신', '한쪽으로 치우친 굳은 생각'처럼 좋지 않은 뉘앙스도 포함한다. 신념과 분노는 어떤 관계가 있을까? 사람은 화가 나면 누구나 화를 낼 만한 정당한 이유가 있다거나 이런 일을 당하면 누구라도 화가 날 거라고 생각한다. 하지만, 실제로는 같은 상황에서 화를 내는 사람이 있는가 하면 그렇지 않은 사람도 있다.

열심히 자료를 만들어 상사에게 제출했더니 "이런 자료는 이미 갖고 있어. 이걸 만드는 데 몇 개월을 허비하다니, 헛수고했군. 당장 다른 걸 조사해 와."와 같은 말을 들었다고 하자. 이 상사의 말을 들은 A 씨는 '모처럼 시간을 들여 정성껏 만들었더니 헛수고라고? 너무해!'라는 생각에 화가 났다. 하지만 B 씨는 '이미 똑같은 자료가 있었구나. 내 잘못이네. 하지만, 다른 걸 조사하라는 말을 들어서 다행이다. 어서 찾아보러 가자.'라고 생각했다. 약간의 후회와 조급함을 느꼈지만, 금세 지금 해야 할 일로 시선을 돌렸고 상사에게 화가 나지는 않았다.

같은 상황이지만 분노와 같은 부정적인 감정을 느끼고 거기에 매몰되어 버리기 쉬운 사람과 그렇지 않은 사람이 있는 이유는 무엇일까? A 씨와 B 씨의 차이는 무엇일까? 두 사람의 차이는 앞서 이야기한 대로 일을 받아들이는 방법, 생각하는 방법이 만들어내고, 이러한 생각을 만들어내는 건 마음속 깊은 곳에 있는 '신념'이다.

A 씨의 신념은 '내 일이 부정당하는 일은 나를 전면 부정하는 것과 같다', '업무를 부정하는 일은 나를 깎아내리는 일이고 부당한 일이다', '내가 한 일이나 주장이 관철되지 않으면 패배한 것과 다름없다', '상사는 부하를 부당하게 내몰고 괴롭힌다', '절대로 다른 사람으로부터 부정당하거나 바보 취급을 당하고 싶지 않다' 등일지도 모른다.

이러한 생각을 말로 표현할 수 있을 정도로 확실하게 자각하고 있지 않더라도 마음속 깊이 품은 신념은 어떠한 사고나 일을 받아들이는 방법에 영향을 준다. 그래서 신념을 자극하면 '상사는 틀림없이 나를 바보 취급하고 있다'는 생각에 사로잡혀 '분노'라는 감정이 끌려 나오는 것이다.

한편, B 씨는 '내 주장이 통과되지 않았다고 해서 내가 완전히 부정당한 건 아니다.', '실패해도 창피해할 것 없다, 다음에 이러한 경험을 살리면 된다.', '나보다 일에 대해 잘 아는 사람에게는 배울 것이 많다.' 등의 신념이 있을지도 모른다. 그러므로 후회하거나 초조해할 수는 있어도, 특별히 상사에게 분노의 감정을 표출하거나 그 감정에 몰입하지 않는다.

사람이 느끼는 다양한 감정은 그 사람이 어떻게 '생각하고', '받아들이느냐'에 달렸다. 같은 일을 겪어도, 생각이나 받아들이는 방법이 다르다면 느끼는 감정도 달라진다. 사람에 따라서는 '분노'의 감정을 만들어내는 '생각'만 하거나 '불안'의 감정을 만들어내는 '생각'만 하는 등, 그 '생각'을 패턴화하기도 한다. 이 패턴화의 근간이 바로 신념이다.

다른 사람에게 무시당하거나 부정당해서는 안 된다는 생각이 신념으로 뿌리내리면 특히 다른 사람의 말과 행동에서 나를 무시하고 있는 게 분명하다고 생각한다. 이로 인해 불안이나 분노가 생겨난다.

신념은 마음속 깊은 곳에 있다고는 하나, 이는 하루아침에 만들어지지 않는다. 내가 살아온 역사 속에서 만들어진다. 그렇기에 이는 내게 있어 의심할 여지가 없는 지극히 당연하고 확고한 생각이며 굳게 뿌리내린 것이기도 하다. 그만큼 내 마음속 깊은 곳에 있는 신념은 깨닫기 쉽지 않지만, 자신을 이해할 수 있는 매우 중요한 요소 중 하나라고 할 수 있다. '신념'이라는 표현이 와닿지 않는다면 '감정의 방아쇠', '마음속 지뢰' 등으로 바꾸어 말할 수도 있다.

특히, 분노를 이끌어내는 '생각'의 근거인 신념은 '나는 ○○이어야만 한다', '분명 나는 안 된다고 생각하는 거야', '안 된다는 인식을 주어서는 안 돼'처럼 나를 긍정하지 않는다. 발달장애 특성은 생활에 여러 어려움을 만들어 분노와 불안을 유발하는 생각을 뿌리내리게 할 가능성이 있다. 그러한 신념을 가졌기에 어떻게든 자신을 지탱하거나 지켜왔고, 또 견딜 수 있었을지 모른다. 하지만, 이 신념이 강해지면 다른 사람과 쓸데없이 다투거나 고립되어 자신을 괴롭히는 요인이 된다는 점을 기억하자.

분노를 불러오는 불안을 줄인다

감정의 생성은 앞서 설명한 대로 '신념'이나 '생각'과 크게 관련이 있다. 여기서는 '분노'라는 감정 자체에 대해 조금 더 알아보기로 한다.

'분노'는 '분노'로 형성되기 전까지 '불만'이나 '불안'의 형태를 띤다. 혹은 '분노'는 변화무쌍하기에 '불만'이나 '불안'의 모습을 한다고도 한다. 무엇이 되었든 회사에서 '분노'가 폭발하기 전까지는 오랜 기간 '불안'에 농락당하는 일이 많았을 것이다. 회사에서 '판단이 두렵다'라고 생각하는 사람은 항상 이러한 불안을 느끼는데, 이것이 때때로 분노로 발전한다. 그러므로 어떻게든 불안을 줄일 수 있다면 기분이 편안해지고 분노의 폭발도 막을 수 있다.

불안을 느낄 때의 심정은 '○○가 되면 어떡하지?', '○○라고 생각하면 어떡하지?'라는 말로 표현할 수 있다. 즉, 불안이란 대부분 '내가 통제할 수 없다고 생각하는 상태'다. 내가 통제할 수 없는 일에 대해 어떻게 될지도 모르면서 어떡해야 할지 생각하고 있는 셈이다. 통제할 수 없거나 어떻게 될지 모르는 불확실한 일이기 때문에 정확한 방침을 세우기가 어려워진다. 그러므로, 계속 안정되지 않는, 즉 '불안'한 상태가 되는 것이다. 어떡하면 좋을지 생각하는 동안, 걱정은 착실하게 그 몸집을 키워간다. 불안은 그 정체가 불확실해도 점점 커지는 특징을 가지고 있다.

불안을 줄이거나 해소하려면 일단은 최대한 그 정체를 알아내야 한다. 내가 싫어하는 것, 피하고 싶은 것, 곤란해하는 것을 되도록 명확하게 밝히는 일이 중요하다. 그 정체를 밝혀냈다면 불안은 대부분 줄어들었거나 해소되었다고 봐도 무방하다. 만일, 내 행동이나 요구로 싫어하는 일이나 곤란한 일을 피할 수 있다면, 실제로 행동에 나서거나 상담을 시작할 수 있기 때문이다. 무슨 수를 써도 해결되지 않는다면 이는 생각해도 어쩔 수 없다며 단념할 수도 있고, 또는 실제로 그렇게 되었을 때 발생하는 손해는 무엇일지 현실을 역설적으로 검토할 수도 있다.

즉, 원인을 밝혀내면 정체불명의 막연한 '불안'으로부터 '문제 해결 사고'로 옮겨갈 수 있다. 실제로 불안에 휘둘리지 않는 사람은 이 방법을 빨리 도입할 수 있다. 불안할 때는 마치 망망대해를 정처 없이 떠도는 것과 같지만 '문제 해결 사고'로 접어들었다면 일단 노를 저어 나아가야 할 방향이 정해진 것이다. 이것이 주변 사람에게는 '자신감'으로 보인다. 아무리 자신 있는 것처럼 보이는 사람이라도 사실은 불안하기 마련이다. 그러나, 베일에 싸인 불안의 정체를 찾아내고 적절한 대응책을 빠르게 설정하면 불안에 농락당하지 않고 오히려 전진으로 바꿀 수 있다.

발달장애 특성 때문에 다양한 일에 위화감을 느끼며 살아온 사람은 자기 생각이나 행동이 다른 사람들과 다를 수도 있고 언행이 적절하지 않을 수도 있으며 일이 제대로 진행될 것 같지 않다는 불안에 시달린다. 특히 회사에서는 항상 그러한 불안을 항상 안고 있기에 고통스럽다. 반대로 자신이 가진 '특성'의 윤곽을 확실히 파악한다면 불안을 통제할 수 있으니 농락당하는 기분이 거의 사라질 것이다. '나를 아는 일'은 '불안'의 정체를 아는 일이기 때문이다.

분노로 잃게 되는 것을 떠올린다

불안이나 불만으로 남아있던 불씨가 분노로까지 번지면, 자욱한 연기를 피우며 불타오른다. 불과 마찬가지로 분노는 폭발적·순간적인 에너지의 근원이기도 하지만, 그 에너지를 다 쓰고 나면 새카맣게 타버린다. 그렇기에 화를 내고 나면 활기를 되찾을 수 없다. 대부분은 에너지를 다 써버려 까만 숯처럼 변하기 때문이다. '불안'이나 '불만'이라는 작은 불씨만이 남을 뿐이다.

분노라는 불꽃은 다른 사람도 데일 수 있으니 사람들과 멀어지고 고립되는 가장 큰 요인이 된다. 당연한 말이지만, 스스로 불구덩이에 뛰어드는 사람도 없다. 어느 쪽이든 분노의 폭발은 모두에게 좋지 않다. 특히, 항상 불안한 사람은 평소에 주변 사람들에게 무척 신경을 쓴다. 누군가에게 비난받지 않도록, 미움받지 않도록, 실패하지 않도록 열심히 노력하는 것이다. 그러나 때로는 이러한 인내심이 포화상태가 되어 어떠한 일을 계기로 분노가 한꺼번에 분출되고 만다.

그러나 한 번이라도 다른 사람에게 감정을 폭발시키면 인간관계를 원만하게 유지하기 위해 그때까지 열심히 노력했던 일이 모두 허사가 되어버린다. 분노를 폭발시켜 얻을 수 있는 건 없다는 사실을 알아야 한다.

타협하는 방법을 깨닫는다

분노의 감정이 폭발할 것 같을 때도 있다. 그럴 때는 일단 그 자리에서 벗어나 마음을 진정시켜야 한다. 치밀어오르는 화에 자동으로 브레이크를 걸어 결정적인 분노의 폭발을 막을 수 있다.

아무리 자신의 주장이 옳고 상대방의 주장은 틀렸다고 확신한다 하더라도 분노라는 형태를 이용해 자기 주장을 하거나 상대방을 부정한다면 절대 받아들여질 수 없다. 사람을 향해 직접 화를 내지 않고 물건을 집어 던지거나 소리를 지른다고 해도 마찬가지다. 분노를 폭발시켜 좋을 일은 없으므로, 그 자리에서 벗어나 냉정을 되찾고 일단 생각을 멈추는 일이 필요하다.

그렇다면, 어떻게 해야 화를 내지 않고 냉정하게 건설적인 이야기를 나눌 수 있을까. 애매한 것을 파악하기 어려운 사람은 정해진 규범이나 명확한 결정사항처럼 형태가 확실한 것에 강하게 끌린다. 그래서 흑백논리, 양자택일 논리에 빠지기 쉽다. 다른 사람과 의견이 다를 때에도 나와 상대방의 의견 중 하나만 채택한다는 명쾌한 선택지만이 존재한다고 여긴다. 그러나 회사에서는 회의만 하더라도 경험과 입장에 따라 각자의 생각이 다르게 나타난다. 그렇기에 의견을 나눌 수 있는 것이다. 어느 한 사람의 주장을 채택한다기보다는 모두의 생각을 취합해 가장 좋은 방법을 이끌어내는 것이 논의의 목적이다.

이는 일대일로 논의하는 경우도 마찬가지다. 서로의 주장에 귀를 기울여 더 좋은 의견을 채택하거나 내 생각을 바꾸기도 하고, 상대방에게 감화되거나 자극을 받으면서 가장 좋은 선택을 해야 한다. 이를 가리켜 '타협한다', '조정한다', '감명받다'라고도 한다. 이것이 바로 논의의 본질이다. 상대방과 나의 주장 중 누가 정답이고 누가 오답인지, 누가 이겼고 누가 졌는지를 따지는 게 아니다.

자신의 주장을 밀어붙여 주변의 빈축을 살지, 아니면 참고 내 주장을 완전히 철회해 불만을 쌓아둘지를 선택하는 양자택일이 아니라는 점을 분명히 짚고 넘어가야 한다.

다른 사람의 시선을 의식한다

앞서 이야기한 것처럼, 다른 사람과 '타협하고' '조정하기' 위해서는 다른 사람에게는 다른 사람만의 시선이 있다는 사실을 알아야 한다. 이를 감각적으로 상상하기 어렵겠지만 지식으로서 입력해 두는 일이 중요하다. 상대방과 의견이 충돌할 때도 상대방의 생각을 전면적으로 부정하지 말고 혹시 내가 모르거나 보이지 않는 상대방의 생각과 시점이 있을지도 모른다는 점을 이해하면 다시 한 번 생각해 볼 수 있기 때문이다. 그렇지 않으면 상대방은 나에 대해 무슨 말을 해도 듣지 않는 사람, 들으려고 하지도 않는 사람, 논의할 수 없는 사람으로 인식하게 된다.

만일, 상대방의 주장에 동의할 수 없다면 무턱대고 반대하지 말고 우선은 내 생각은 이렇지만, 네가 그렇게 생각하는 이유나 배경을 조금 더 자세히 알려주었으면 좋겠다고 제안하자. 이는 상대방에게 주장을 양보하거나 숙이고 들어가는 것이 아니다. 상대방의 주장을 이해하려는 것은 물론, 나아가 생각할 수 있는 기회이기도 하다. 상대방도 자세히 설명하다가 자신의 주장에서 허점을 발견할 가능성이 있다.

물론, 나 또한 본인의 주장에 대한 자세한 배경과 이유를 이야기 할 수 있어야 하며, 상대방에게는 질문할 기회를 주어야 한다. 그렇게 나와 다른 주장을 하는 상대방의 입장과 시선에 대해 서로 생각해본다면 유의미한 타협점을 찾을 수 있다. 논의하는 의미가 바로 여기에 있다.

머릿속을 정리정돈한다

제3장에서도 이야기했지만, 산만하고 정리가 어려운 특성이 있으면, 업무에 필요한 지식은 많지만 이를 제대로 정리하지 못하니 판단을 요구받으면 마치 정체가 일어난 것처럼 말문이 막혀버린다. 어떤 질문이든 바로 대답을 하지 못하는 이유는 아무것도 떠오르지 않아서가 아니다. 오히려, 수많은 생각들이 머릿속에서 떠올라, 어느 것을 먼저 말해야 할지, 어떻게 표현해야 할지를 결정하기 어려워하는 것이다.

이유를 모르는 상대방은 명확한 생각이 없는 사람, 반항적인 사람이라고 오해할 수 있다. 하고 싶은 말은 있지만 제대로 전달하지 못해 오해를 산다면 그만한 스트레스도 없다. 그 스트레스가 짜증을 유발하고 분노를 폭발시키는 불씨가 될 수밖에 없다.

그러므로, 머릿속을 자주 정리해둘 필요가 있다. 제5장에서 소개한 바와 같이 정기적으로 물건을 정리하기, 하루에 있었던 일을 일지나 일기로 기록하기, 숙면 취하기, 남들에게 신경 쓰지 말고 내가 좋아하는 시간 보내기 등의 일을 하며 머릿속을 정리하기를 바란다. 두뇌가 피곤하면 일상이 혼잡해질 확률이 높아진다. 따라서 누군가에게 1~2주 사이에 있었던 일, 그중에서 마음에 걸리는 일 등을 털어놓아도 좋다. 이는 다음 장에서도 다루겠다.

내 마음을 챙긴다

화가 나면 몸이 뻣뻣해지고 호흡이 가빠진다. 경직된 몸과 생각은 긴장을 부르고, 분노를 유발하기 쉽다. 그러므로, 유연한 몸과 생각, 편안한 호흡이 중요하다. '유연함', '편안함'이라고 해서 '유연해야 해', '편안하게 숨을 쉬어야 해'와 같이 나를 통제할 필요는 없다. 마음챙김이란, 의식을 '지금'에만 집중시키는 마음의 상태를 말한다.

사람은 대부분의 시간을 어제 있었던 일과 앞으로 일어날 일 등에 대해 끊임없이 생각하는 데 사용한다. 뇌를 끊임없이 움직이면서 후회하거나 화를 내거나 불안해한다. '지금'에만 집중하면 바쁘게 움직이는 뇌에 다양한 변화를 촉진시켜 스트레스가 쌓이지 않는다. 주변의 자극에 쉽게 반응하거나 많은 정보가 머릿속에서 뒤엉키거나, 지나치게 집중하거나 많은 에너지를 대인관계와 업무에 소비하는 일이 일상적이라면, 그것만으로 이미 뇌는 항상 풀가동되고 있는 셈이다. 그러므로, 뇌를 효율적으로 쉬게 해 건강하게 활성화하는 방법은 매우 유익하다고 볼 수 있다.

마음챙김, 즉 '지금'에만 의식을 집중시키는 마음의 상태를 실천하기 위해 호흡을 이용한 명상법을 소개하고자 한다.

호흡 명상
① 등을 펴고 앉는다. 눈은 살짝 감거나, 가늘게 뜨고 앞을 내려다본다.

② 숨을 들이쉴 때 가슴과 배가 부풀어 오르는 감각을 느끼고, 속으로 '부풀어 오른다, 부풀어 오른다'하고 말한다. 호흡은 통제하려고 하지 말고 자연스럽게 호흡한다.

③ 숨을 내뱉을 때 가슴과 배가 가라앉는 것을 느끼고, 속으로 '가라앉는다, 가라앉는다'하고 말한다.

호흡 명상을 할 때는 다음과 같이 이름을 붙여 응용할 수 있다. 잡념이 떠오른다면 '잡념, 잡념' 하고 마음속으로 몇 번 중얼거린다. 그리고 '돌아갑니다'라고 말하며 호흡과 함께 다시 몸의 감각에 집중한다. 어딘가가 아프거나 가렵다면 '통증, 통증, 돌아갑니다', '가렵다, 가렵다, 돌아갑니다'와 같이 말하고 다시 호흡에 집중한다.

호흡 명상은 하루에 10분 정도가 적당한데, 익숙해졌다면 시간을 더 늘려도 상관없다. 명상할 때 기분이 나빠지거나 맞지 않는다고 느낀다면 무리하지 말고 중단하기를 바란다.

제8장

효과적으로
상담하는 법

직장에서 같은 실패를 반복해서 괴롭다거나 매일 판단이 요구되는 상황이 두렵다고 느낄 때, 상담은 도움이 될까? 단순히 이야기만 들어줄 뿐인데 무슨 의미가 있느냐고 생각할지도 모른다. 확실히 그런 의미라면 상담을 받을 필요는 없어 보인다. 그렇다면, 어떻게 상담을 받아야 의미가 있을까? 유의미한 상담을 받기 위해서는 어떠한 목적의식을 가지고 접근해야 좋을지 소개한다.

물론 소개한 내용이 상담의 전부는 아니다. 상담을 받는 사람 각자의 상황이나 증상, 요청이나 목적 등에 따라 다른 방법을 선택할 수도 있다. 또한, 카운슬러에 따라서도 상담의 개념이나 방법이 달라진다. 모든 카운슬러가 다음에 소개하는 목적이나 방법을 반드시 실천하고 있지는 않다는 뜻이다. 전문분야에 따라서도 다르므로, 상담 방식이나 방향이 일률적이지 않다는 사실을 염두에 둘 필요가 있다. 카운슬러가 무언가 좋은 일을 해줄 것이라는 수동적인 상담이 아니라 카운슬러와 함께 생각하고 본인에게 의미가 있는 기회로 만들기 위해서 이를 능동적으로 이용해야 한다는 점이 중요하다.

나의 특성을 파악한다

이 책에서는 일괄되게 내가 나를 파악하는 일의 중요성을 강조해왔다. 나를 파악하고 이해하는 일은 매우 중요하지만, 그 방법을 이야기하는 것은 그리 간단하지 않다. 그러나 발달장애 특성이 의심되는 경우에는 상담 시 다음의 세 가지가 핵심이 된다.

1. 지금, 괴롭다고 생각하는 일의 경위나 배경을
되도록 구체적이고 세세하게 전하기

상담에서 응어리진 마음을 토로하는 것도 중요하다. 그러나 발달장애 특성이 의심된다면 시종일관 나나 누군가가 잘못했다거나 나쁘다는 평가만 내리지 말고 그 당시의 경위, 상황, 환경, 대화 등을 카운슬러가 되도록 생생하게 파악할 수 있게 구체적으로 이야기해 보자. '내가 보고서를 제출하러 갔더니 상사가 갑자기 고함을 쳤다. 이 상사와는 마음이 맞지 않는다. 보고서의 제출 기한이 지난 건 사실이지만, 나로서는 내용이 충실한 보고서를 제출했으니 필요한 시간이었다고 생각한다'라는 취지로 이야기했다고 하자. 이 정도로 단순한 이야기라도 조금 더 구체적이고 상세하게 설명하면 나를 파악하기 위한 단서가 될 핵심요소를 많이 발견할 수 있다.

'보고서의 내용은 무엇이며 상사는 언제, 어떠한 경위로 보고서 작성을 지시했는가? 그 업무 이전에 상사와 어떠한 이야기를 주고받았는가? 어떠한 관계에 있는가? 그 일의 중요도는 어느 정도라고 생각했는가? 상사는 그 일을 어떻게 설명했는가? 나는 그것을 어떻게 이해했는가? 어떤 식으로 일을 했고, 늦어지게 되었는가? 구체적으로는 며칠 늦게 제출했는가? 늦어진 경위를 이야기했는가? 어떤 타이밍에, 어떠한 말투로 상사에게 전달했는가? 시간을 들여 작성한 충실한 내용이란 무엇인가? 이어지는 업무도 체크했는가? 이전에도 납기를 어긴 일이 있었는가?'

이러한 의문에 대답하기 위해서는 상황의 경위나 일의 전모, 그리고 자신의 생각과 방법을 매우 세세하게 이야기해야 한다. 답하는 과정에서 업무의 지시를 받아들이고 이해하는 방법, 업무의 진행 방식이나 고집하는 부분, 시간의 배분, 상사에 대한 말투와 보고 타이밍 등을 확인해 내 특성을 발견하게 된다.

2. 예전에도 유사한 일이 있었는지 이야기하기

업무에 시간이 오래 걸려 종종 제출 일자를 어긴다거나, 틀린 주장은 아니었지만 상대방을 화나게 했다거나, 혹은 과거에도 비슷한 일을 경험한 적이 있다면 이야기하길 바란다. 회사에 관한 일을 상담한다고 해서 회사 상황만 이야기할 필요는 없다. 학창 시절이나 어린 시절까지 거슬러 올라가거나 회사와 상관없는 친구나 가족 사이에서 일어난 일 등을 포함해도 좋다. 지금 느끼는 어려움이나 실패한 경험이 과거에도 있었다면 그것이 자신의 앞을 가로막는 가장 큰 특성일지도 모른다.

3. 결론적으로 지금 자신의 앞을 가로막는 큰 특성을 키워드와 핵심문장으로 만들기

제3장에서 '판단'을 방해할 수 있는 네 가지 특성을 소개했었다.

① 모호한 표현을 이해하기 어렵다(정도 파악이 미숙함).

② 산만하고 정리가 어렵다(요점 파악과 통합이 미숙함).

③ 사고의 흐름이 확고하다(고집이 셈).

④ 작업 기억 활용이 미숙하다

이를 힌트로 삼아 가장 큰 장해물이 되는 특성을 찾아보자. 이어서 그 특성이 어떠한 언행이나 현상, 문제로 이어지는지를 논의해보기 바란다. 반드시 이 네 가지 중에서 고르지 않아도 좋다. '특성과 발생한 문제 사이의 관계'를 알면, 어디를 어떻게 바꿔야 한다거나 주위에 이해를 구하면 되는지를 알 수 있게 될 것이다.

위의 내용은 주로 카운슬러와 이야기할 때 필요한 것들이다. 이와 더불어 각종 심리 테스트를 받는 방법도 있다. 심리 테스트가 상담을 통해 밝혀진 자신의 이해를 뒷받침하기도 하고 반대로 상담만으로는 알아차리지 못했던 특징을 밝혀내기도 한다. 심리 테스트에서 특징을 다시금 명쾌하게 확인함으로써 자기 자신을 보다 확실하게 이해할 수 있게 된다. 다만, 카운슬러와의 상담 없이 테스트 결과만 듣는 일은 그다지 추천하지 않는다. 테스트 결과는 자신의 구체적인 말과 행동, 실제 일어나는 현상과 문제와 연결해야만 받아들일 수 있고 자신을 더 깊이 이해할 수 있기 때문이다.

심리 테스트는 객관적인 근거나 설명 도구로서 중요하므로 피드백을 잘 받아들여 실천할 필요가 있다. 그리고 대화를 통해 이해한다는 방법 또한 중요하므로 상담도 함께 활용하기를 바란다.

내 세계를 이해받으며 안도를 얻는다

카운슬러와 자세한 이야기를 나누는 일은 '내'가 본 사실과 '주변'에서 본 사실을 검증하는 일이기도 하다. 내게는 무척 당연한 수용 방법이나 개념, 일의 진행 방법일지라도 일부러 카운슬러에게 설명하고 카운슬러가 던지는 질문에 답하는 과정에서 내 세계가 더욱 명확하게 떠오르게 된다. 자신에게 당연한 세계가 주변 사람들에게는 그렇지 않을 수 있다. 당연한 세상을 굳이 말로 자세히 표현해야 "과연, 당신은 그렇게 받아들였군요.", "그렇게 생각했군요.", "그렇게 느꼈군요." 하고 카운슬러가 이해할 수 있게 된다.

누구나 '어떠한 일이나 상황에 대해 순간적으로 생각한 것, 받아들인 것, 느낀 것'을 당연한 생각이나 감각이라고 받아들인다. 자신에게는 지극히 자연스럽고 익숙하기 때문에 위화감이 없는 것이다. 그러나, 사람에 따라 일을 받아들이는 방법이나 개념, 진행 방식은 상당한 차이가 있다. 그 차이가 다소 특이하다 할지라도 발달장애 특성 때문에 본인은 당연하다고 느낀다. 그 결과로써 내게는 당연한 것이 결과적으로 받아들여지지 않거나 실패하면 혼란을 느끼고 상처받으며 자신감을 잃게 된다. 자신감을 상실하면 나를 믿지 못해 크게 불안해한다. 이렇게 되면 다른 사람 역시 신뢰할 수 없게 된다.

발달장애 특성이 있다면, 오랜 시간 자신의 세계를 이해받을 기회도 없이 상처받은 채 두려워하면서 한편으로는 다른 사람의 세계를 침범하지 않도록 부단히 노력해왔을 것이다. 그러므로, 편안한 상태에서 상담받으며 자신의 세계를 충분히 표출했을 때 이해받는 경험을 하는 일 역시 중요하다.

나와 타인의 소통 방식을 번역받는다

나를 파악하고 내 세계를 이해받는 과정을 거치면 당연히 '내 세계'와 '타인의 세계'의 존재를 중립적으로 이해할 수 있다. 상담을 받기 전에는 무척 고독하고 괴로우며 궁지에 내몰린 듯한 심정으로 나는 주변과 다르다고 생각했을 것이다. 그러나, 확실하게 나 자신을 이해하고 자신의 세계를 다른 사람(카운슬러)이 이해하게 되면 처음으로 '나'와 '타인'의 세계를 나란히 두고 바라보아야겠다는 생각이 든다. 세계 사이의 간극을 '중재하는 기

능'을 받아들이게 된다. 이것이 바로 카운슬러에 의한 '번역기능'
이다.

내가 한 말 속에 숨겨진 생각이나 의도, 진의는 좀처럼 자각하
거나 언어화할 수 없을지도 모른다. 그러나 상담을 통해 알기 쉬
운 말로 바꾸면 다른 사람에게 명확하게 설명할 수 있다. 반대로,
내가 이해하지 못했거나 오해했거나 받아들이기 어려웠던 다른
사람의 말과 행동은 내 세계를 이해하고 나면 그 진의나 개념 등
을 알기 쉽게 전달받을 수 있게 된다. 이것이 '번역기능'이다.

다른 사람이 번역해줌으로써 오해가 풀리고 기분이 편해질 수
도 있으며, 자기 생각이나 받아들이는 방식의 조절법을 배울 수
있다.

문제 해소를 위한 방법을 논의한다

상담을 통해 나를 파악하고 내 세계를 인정받아 나를 직시할
수 있게 되면, 무엇을 어떻게 실행해야 좋아지고 편해질지, 어떻
게 해야 나만의 방식으로 목표에 도달할 수 있을지를 이야기하게
된다. 이때 이야기의 방향성은 크게 두 가지로 나뉜다. 내가 변하
거나, 또는 주변 사람들에게 알려 내가 편안한 환경이 되도록 만
드는 방법이다.

특히 직장에서는 업무 내용이나 직장 환경을 어떻게 정비해야
좋아질 것 같은지를 이야기하고, 상사와 인사 담당자, 사업주 등

이 그 내용을 이해하도록 설득한 뒤 허가를 받아 구체적으로 조정할 수 있다. 이때, 주치의와 카운슬러가 환경 개선의 핵심사항을 소견서나 진단서와 같은 형태로 전달한다. 당사자가 허락한다면 병원이나 상담센터가 상사 또는 인사 담당자와 만나 그 내용을 직접 설명하는 방법도 있다. 사내 의료진, 카운슬러, 정신 건강 담당자와 같이 사내에 배치된 담당자와 연계해 직장 환경의 조정을 추진해갈 수도 있다.

머릿속을 되짚어가며 이야기한다

여기까지 상담의 목적과 진행 방식을 이야기했다. 상담을 통해 나와 환경을 움직여 상황을 바꾸어 나갈 수 있게 되었을 것이다. 지금부터는 '머릿속을 되짚어가며 정리하기'를 이야기하고자 한다. 이번에는 적극적으로 무언가를 바꾸거나 설득하는 게 아니라, 담담하게 이야기하는 것 자체가 주는 효과가 목적이다.

카운슬러에게 이전 상담부터 지금까지 1~2주 사이에 있었던 일이나 신경 쓰였던 일을 차근히 순서대로 이야기한다. 이야기 도중에 카운슬러가 조언을 하거나 번역을 해줄지도 모르지만, 일단 자신의 페이스대로 머릿속에 있는 것을 꺼내보는 일에 집중해야 한다. 순서대로 꺼내다 보면 뒤엉켜있던 머릿속이 정리된다. 이는 마치 어지러운 옷장의 내용물을 일단 전부 꺼내본 뒤 다시 정리하는 작업과 비슷하다. 이야기에는 이러한 내용을 상담하고 싶다거나 해결하고 싶다는 명확한 상담의 목적이 없어도 상관없다. 꼭 효율적으로 이야기할 필요도 없다.

이야기만 한다면 꼭 상대방이 카운슬러일 필요는 없다고 생각할 수 있다. 그러나, 상사나 동료, 친구, 가족 등에게 이야기하면 상대방은 무언가 조언해주어야 한다고 생각하므로 화자의 말을 끊고 중간에 조언이나 설득을 시작할지도 모른다. 또, 무슨 말이 하고 싶은지 모르겠다며 이야기의 '결론'을 요구할 수도 있다. 또는, 내가 이야기한 만큼 상대방의 이야기도 들어주어야 할 수도 있다. 대부분의 인간관계에서는 자신이 이야기한 만큼 상대방도 이야기하고 싶어 하기 때문이다. 도중에 이야기가 끊기거나 주도권을 빼앗기는 것은 옷장에서 내용물을 다 꺼내지 못하고 도중에 정리를 시작해야 하는 상황과 같다. 결국, 머릿속을 정리할 충분한 기회를 얻지 못하게 된다.

그러므로, 비판이나 주의를 받거나, 중단되는 일 없이 상담이라는 완전히 시간과 공간이 확보된 장소에서 천천히 자신의 머릿속에 있는 옷장을 열고 일단 전부 내용물을 꺼내보는 기회가 필요하다. 다만, 상담 시간은 무한정하지 않으니 카운슬러와 미리 정해야 한다. 애초에 상담 시간을 길게 잡아볼 수도 있지만, 카운슬러나 상담 기관의 매뉴얼이나 규칙에 따라서는 불가능할 수도 있으므로 미리 확인해 두어야 한다.

상담을 토대로 더 넓은 관계로 나아간다

자신을 직시할 수 있게 도와주고 내 세계를 이야기할 수 있으며 생활이나 직장 환경을 이해해주고 내 페이스대로 이야기할 수 있는 시공간에서는 안심할 수 있다. 항상 주변을 신경 쓰고 모든 일에 에너지를 소비하며 긴장과 불안이 계속된 삶을 살아왔다면 이렇게 안심할 수 있는 시간이 매우 중요하다.

혼자서 좋아하는 일을 하는 시간 또한 한시름 놓을 수 있는 때다. 그러나, 누군가와 함께일 때 마음을 놓을 수 있는 시간도 무척 소중하다. 나를 받아들이고 이해해주는 누군가의 존재는 혼자 있을 때의 안도감과는 또 다른 의미와 가치를 가지기 때문이다.

카운슬러라는 타인과 관계를 맺고 안도감을 얻었다면, 이 경험을 자조 모임Sel-help group에 참가하거나, 가족과 친구, 직장 동료들과 원만한 관계를 맺는 일처럼 다양한 형태로 발전시켜야 한다. 상담은 카운슬러와 있을 때만 잠깐 안심하고 끝나는 기회가 아니다. 카운슬러와 함께 구축하고 연습하며 실천한 인간관계를 다른 사람과도 맺기 위한 첫 출발점이라고 할 수 있다.

제9장

판단이 두려운
사람과 일하는 법

같은 상황이더라도 각각의 입장과 생각이 다르면 시각도 달라진다. 각자의 고민과 고통이 있기 때문이다. 그러나 대부분은 어느 한쪽이 100% 정답이라고 착각한다. 누구든 내가 보는 것만 알기 마련이고 그것이 진실이라고 믿기 때문이다. 그러므로 입장이 서로 다른 사람들끼리 양보하고 이해하면서 함께 일하기 위해서는 상대방의 시선에서 보이는 풍경도 생각해 볼 필요가 있다.

상대방의 입장과 감정, 일의 맥락을 상상하기 어려운 장애 특성이 있으면, 상대방의 의도에 딱 맞추기가 어렵다. 그렇다고 해서 상대방의 입장을 생각하지 않는 것은 아니다. 오히려 주변을 불쾌하게 만들지 않도록, 다툼이 벌어지지 않도록 늘 온 힘을 다해 신경 쓴다. 그럼에도 불구하고 주변 사람들과 사이가 서먹해지면 이해해주지 않는다는 생각에 괴로워할지 모른다. 반면 상대방에게는 말과 행동이 기준을 벗어나고 예측할 수도 없는 이들이 이해할 수 없고 다가가기 어려운 존재로 보인다. 서로에게 악의가 없다 하더라도 그 골이 점차 깊이를 알 수 없을 정도로 깊어지는 일도 적지 않다.

M 씨와 상사의 이야기

이번 장에서는 '판단이 두려워' 괴로워하는 사람들이 겪을 수 있는 사례를 살펴보기로 한다. 판단이 두려운 본인뿐 아니라, 그 상사의 시점과 심정도 소개하고 같은 상황을 서로의 입장에서 표현해보고자 한다. 양쪽의 시각을 모두 담은 M 씨의 사례를 읽고 주변 사람들과 서로 이해할 수 있는 실마리를 발견할 수 있기를 바란다. (등장인물의 속성·소속·업무 내용·질병 장애·경위 등은 모두 허구다. 실제로 있었던 대다수의 상담 내용을 취합해 필자가 '있을 법한 사례'로 작성한 것임을 밝힌다.)

M: 저는 리테일 계열의 대기업에 근무한 지 10년이 넘었습니다. 작년에는 플로어 매니저Floor manager로도 승진했습니다. 10년 이상 근무했으니 나름의 경력이 쌓였을 것 같지만, 저는 제 일에 전혀 자신이 없습니다. 지금은 부인복 매장을 담당하고 있는데 매출이 늘지 않고 있습니다. 특히, 몇 개월째 매출이 제자리걸음이라 매일같이 회의에 불려갑니다.

회의에서 의견을 말할 때면 입이 떨어지지 않습니다. 머릿속으로 필사적으로 할 말을 쥐어짜는 사이, 다른 누군가가 끼어들다 보니 말할 타이밍을 놓치고 맙니다. 얼마 전에는 상사로부터 "왜 아무 말도 안 해? 생각이 있기는 한 거야? 의욕적으로 하라고."라며 질책받기도 했습니다. 저는 결코 생각이 없는 게 아닙니다. 순간적으로 말이 나오지 않아 우물쭈물하는 사이에 타이밍을 놓쳐 결국 아무 말도 못 하게 됩니다.

회의뿐만이 아닙니다. 최근에는 아르바이트생을 비롯해 비정규직 직원들도 늘어나 정직원들이 이들을 관리해야만 합니다. 이들은 고객의 항의나 판매업자의 갑작스러운 질문을 받으면 지시를 요구하는 눈빛으로 저를 바라보는데 그럴 때면 적절한 판단을 바로 내리지 못하고 허둥댑니다. 직원이 제대로 알려주지 않는다며 아르바이트생이 불만을 토로한 적도 있습니다.

저는 어릴 적부터 사람과 이야기하거나 의견을 말하는 게 어려웠습니다. 돌이켜보면 제 생각과 친구들의 생각이 완전히 달라 위화감을 느끼기도 했고 분위기가 어색해지기도 했습니다. 그러는 사이에 제 생각을 말해도 괜찮은지 주저하게 된 것 같습니다. 그럼에도 입사 초기에는 마음이 편안했습니다. 그러나 연차가 쌓이면서 항상 적절한 판단을 요구받는 일에 대한 압박감이 커졌습니다.

"이건 어떻게 하면 될까요?"라는 질문이 너무 두렵고, 빨리 판단을 내리지 못하다 보니 저도 모르게 "제가 하겠습니다.",

"나중에 연락 드리겠습니다."라고 대답해 버립니다. 그로 인해 일이 늘어나기도 하고, 나중에 할 요량으로 미뤘다가 완전히 잊어버리는 바람에 항의가 들어오기도 합니다.

얼마 전에는 다른 점포의 매니저로부터 같이 기획안을 내보자는 제안을 받았는데, 어떻게 대답해야 할지 몰라 입을 다물었다가 상대방의 화를 산 적도 있습니다. 사실 별 생각이 없었던 게 아닙니다. 이것저것 생각하다가 어떻게 말을 꺼내야 할지 몰라 표현을 고르고 있는 사이에 침묵이 길어졌을 뿐입니다. 결국, 그 매니저는 다른 사람에게 다시 제안한 모양입니다. 최근에는 제가 모르는 일들이 진행되거나 회의 때도 저를 제외한 채 이야기를 마무리하는 일이 많아졌습니다. 무슨 말이라도 해야겠다는 싶어 열심히 생각해 이야기해도 "무슨 말인지 모르겠다.", "조금 더 확실하게 이야기해줬으면 좋겠다."와 같은 말을 들으면 바로 머릿속이 하얘지고 맙니다. 저도 어떻게든 책임을 다하고 싶지만, 의견을 내거나 바로 판단을 내려야 하는 일이 무척 고통스러워 견딜 수가 없습니다.

저는 정해진 일은 성실히 하는 성격입니다. 예전에는 선배나 상사로부터 지시받은 일을 시간을 들여 끈기 있게 완성해 칭찬을 받기도 했습니다. 하지만 경력도 쌓이고 직책도 달게 되니 전달받은 일만 하면 되는 상황이 아니게 되었습니다. 애초에, 회사 분위기가 나이가 어려도 적극적으로 발언할 수 있고 의욕 넘치는 사람에게 계속 일을 맡기는 방향으로 흘러

가는 터라 입지가 좁아지는 기분입니다.

2주일 정도 전부터는 잠도 설치고 있습니다. 내일 해야 할 업무나 오늘 있었던 일을 떠올리며 주위 사람들이 어떻게 생각했을지에 대한 걱정이 머릿속을 떠나지 않습니다. 예전에는 오후 11시면 잠이 들었는데, 최근에는 새벽 1시가 지나도 잠들지 못하다 보니 아침이 너무 피곤합니다. 푹 자지 못한 탓인지 출근해도 집중하지 못 하는 일이 늘어나 시간만 잡아먹게 되었습니다. 원래 업무 시작 전에 전날 업무의 인수인계를 받지 않으면 불안했는데, 최근에는 그러한 시간이 더욱 늘어났습니다.

상사: M 씨를 어떻게 대해야 할지 고민입니다. M 씨는 평소에 말이 없고 자기 주장이 강하지도 않습니다. 손이 느리기는 하지만 잡담도 잘 하지 않고 지시한 일을 묵묵히 수행하는 점에서는 신뢰할 수 있는 직원입니다. 하지만 근무한 지 10년도 넘었고, 이제는 팀을 이끌어주었으면 하는 기대감에 매니저로 승진시켰습니다.

그때부터 옆에서 보기에도 불안함이 느껴졌고 당황하거나 초조해하는 기색이 엿보였습니다. 직원들의 사소한 질문에도 당황하며 대답하지 못하니 걱정입니다. 회의에서 현재 상황을 확인하거나 의견을 물어봐도 적절하게 대답하지 못했고 최근에는 무슨 질문을 해도 입을 다무는 일이 많아졌습니다. 한번 침묵하기 시작하면 몇 분이 지나도 말을 하지 않으니 다른 사람에게 순서를 넘길 수밖에 없습니다.

매니저로 승진시킨 내 체면을 생각해 조금 더 직책에 걸맞게 행동하길 바랍니다. 그러지 못해서 다른 직원들에게도 모범이 되지 못하는 M 씨에게 짜증이 납니다. 얼마 전에도 회의에서 현장 상황을 물어봤는데 대답이 없었습니다. 대답을 유도하기 위한 말을 던져도 반응이 없었기에 결국은 크게 꾸짖었습니다. 하지만 주의를 줘도 이렇다 할 반응 없이 그저 고개만 숙입니다. 저는 어떻게든 M 씨를 지도해 키워야겠다고 생각해 의견을 말하라고 한 것인데, 그러한 제 의도를 파악하지 못하는 듯합니다.

M 씨는 예전부터 그다지 사교적이지 않았습니다. 혼자 점심을 먹는 모습도 자주 보았습니다. 착실하고 성실하다는 점은 잘 알지만, 요령 있게 일하는 유형은 아닌 듯합니다. 새로운 기획안을 지시하면 다른 직원들은 각자 자신이 할 일을 수첩에 적고 필요에 따라서는 질문도 하지만, M 씨는 수첩에 무언가를 적는 것 같지는 않습니다. 나중에 지시한 일을 잊어버리거나 잘못 이해하는 일도 잦아 몇 번이나 메모하라고 지적해도 달라지지 않았습니다. 그래서 메모처럼 꼼꼼함을 요구하는 일을 싫어하는 줄 알았는데, 반대로 판매 기록이나 고객 대응 기록 등은 너무 자세히 적습니다. 불필요한 시간을 잡아먹으니 짧게 쓰라고 몇 번 주의를 준 적이 있습니다만, 이번에도 업무 방식은 전혀 바뀌지 않았습니다.

M 씨를 보고 있으면 어떠한 확신에 따라 일하는 건지, 아니

면 노력해도 안 되는 건지, 또는 남모를 반항심이 있는 건지 무슨 생각인지 잘 모르겠습니다. 그리고 어떠한 일을 할 수 있으니 다른 것도 당연히 할 수 있을 줄 알았는데 생각지 못했던 부분에서 막히는 걸 보면, 업무에 편차가 있는 것 같습니다. 이 사람을 어떻게 대하고, 지도하고 조언해야 할지 모르겠습니다. 저는 상급자로서 당황스럽고 초조하다가도 제 지도의 문제일지도 모른다는 자책감이 들기도 합니다. 이대로라면, 적절한 개선책도 찾지 못한 채 자신을 부정적으로 바라볼 것 같은 느낌이 듭니다. 이 사람을 어떻게 관리해야 할지 고민입니다.

M 씨를 위한 조언

입사 당시 M 씨는 주어진 업무를 성실히 수행해 일정한 신뢰와 평가를 받았다. 그러나, 경력이 쌓여 직책을 달게 되자 변화가 생겼다. 비정규직이나 아르바이트생과는 입장이 달려졌고, 젊은 사람들을 발탁하는 회사 분위기에 따라 리더십이나 창조성을 새롭게 요구받게 되었다.

이러한 상황에 처한 M 씨는 자신의 의견이나 생각, 순간적인 판단 등을 요구받는 일이 무척 괴롭다. 아이디어가 없는 건 아니지만, 제대로 형태를 갖추어 밖으로 표출시킬 수 있는 게 아니라면 어떻게 표현해야 좋을지 몰라 입을 다문다. 나아가, 상사가 질책하면 긴장과 불안이 커져 더더욱 말이 나오지 않는다. 이러한 스트레스가 심해져 불면증, 피로 누적이 나타나기 시작한다. 이 대로라면 모든 일에 의욕이 사라지게 되고 가슴이 답답해져 갑자기 출근하지 않을 위험도 있다.

M 씨의 컨디션 난조와 업무 상황을 표면적으로만 받아들인다면, 매니저로 승진한 일이 부담스러워서 상태가 나빠진 것처럼 보인다. 실제로, 정신건강의학과에 가도 그렇게 진단할 가능성이 크다. 하지만, 이는 본질이 아니다. 직책을 떠나 사례 속 M 씨의 말처럼 젊은 사람들의 적극적인 발언이 채택되는 분위기거나 정규직이 비정규직을 관리해야 하는 체제라면 M 씨의 스트레스는 계속될 것이다.

아마도 M 씨는 확실하게 해야 할 일을 묵묵히 끈기 있게 계속하거나 깊게 파고들어 일하는 능력이 뛰어난 듯하다. 한편 애매한 것이나 시각화할 수 없는 일을 파악하고 정리해 표현하는 일이나 경험한 적 없는 새로운 것을 창조하는 능력은 부족해 보인다. 그러나, 경험한 것은 꾸준히 습득해나갈 수 있고, 일은 반복하다 보면 업무 속도가 빨라지거나 정확도가 높아지는 방법을 찾아낼 가능성이 있다.

오늘날의 관리 업무는 다방면에 걸쳐 생각할 수 있어야 한다. 대부분은 관리자 또한 근로자이므로 늘 여러 업무를 동시에 수행해야 하는데 특히 업무 성격이 서로 다른 것을 처리하다 보면 혼란스러워진다. 게다가 M 씨는 여러 일을 동시에 하지 못 한다. 사무 업무, 고객 응대, 항의 대응, 새로운 기획의 제안, 매출 실적 데

이터 분석 등 본질이 다른 업무는 머리를 쓰는 법도 다르니 업무 방식을 전환해야 한다. M 씨의 현재 회사나 직무에서는 머릿속이 엉망이 되기 쉽다. 생각을 전환하는 일에 미숙하다는 특성이 가장 큰 장해물로 작용할 가능성도 있다.

제대로 방식을 전환하지 못하면 혼란에 빠지기 쉽다. 마치 머릿속에서 많은 메모지가 흩날리는 듯한 상태다. 무엇이 어디에 쓰여 있는지, 어디에 메모가 떨어져 있는지를 몰라 정보를 찾아내기까지 시간이 걸린다. 심지어 초조해지면 정보를 발견하는 데 더욱 오랜 시간이 걸린다.

그렇다면 M 씨는 어떻게 해야 할까. 다음과 같은 방법을 제시한다. 우선, 업무 전환이 가능하도록 성격이 다른 업무를 시각화해 본다. 다양하다는 막연한 이미지가 아닌, '① 고객 응대, ② 사무 업무(근무표 작성, 기록, 게시물 작성), ③ 기획서 작성, ④ 회의' 등 정리해서 표로 정리하거나 색깔별로 구분해도 좋다. 그리고 '각자 해야 할 일, 기대되는 일, 사고하는 방식'의 이미지를 만든다. 여러 가지 일을 처리하려면 하루에 한 가지 방식만 사용할 수 없다. 어떤 일을 시작할 때는 그 표를 보고 지금 해야 할 일과 사용해야 하는 업무 방식을 확인하고, 수 초~수 분 사이에 방식을 계속 바꿔나간다. 그래도 초조하다면 머릿속이 엉망인 상태다. 그럴 때는 일단 심호흡을 하고 지금은 무슨 일을 해야 하는지 다시 정리해보자.

하루를 마무리할 때 오늘은 무슨 일을 했는지 아침부터 저녁까지의 일을 머릿속으로 되짚어가면서 떠올려보고, 일지를 쓰거나 오늘 했던 일, 내일 해야 할 일 등을 메모로 남겨두어도 좋다.

카운슬러와 상담할 수 있다면 회사 일이나 지금 맡은 일을 주제로 정기적으로 이야기하면서 엉망인 머릿속을 정리할 수 있다. 상사에게 이야기 하는 방법도 좋다. 1주일에 한 번, 15분 정도라도 좋으니 확실하게 지금 업무 상태를 이야기할 수 있는 일대일 미팅을 확보하기만 해도 상당 부분 생각을 정리할 수 있는 효과가 기대된다.

상사를 위한 조언

M 씨에게는, 이런 일을 할 수 있으니 저러한 일도 할 수 있을 것이라는 정상적인 개념이 통하지 않는다. 일부러 일하지 않거나, 게으름피우거나, 나아가 반항하는 것이 아니라는 점을 상사가 알아두어야 한다.

어떠한 일을 수행할 때는 반드시 사고의 과정을 거쳐야 한다. 그 과정 안에 사고 능력이 부족한 부분이 있으면 거기서 멈추거나 오래 걸리게 된다. 그러므로, 이런 일을 할 수 있으니 저런 일도 할 수 있다는 공식은 성립하지 못 한다. 다른 사람과 같은 사고 · 업무 방식으로 일하는 것보다 M 씨에게 맞는 사고 과정을 찾아내서 업무 효율을 높일 수 있는 지도가 필요하다. 그리고 업무적으로 배려하고 싶다면 단순히 업무량을 줄이거나 매니저라는 직책을 떼어버리는 게 아니라 M 씨에게 맞는 방법으로 일할 수 있는 환경을 제공해야 한다.

그러려면 무엇보다 어떻게 하면 M 씨와 일하기 편해질지 '함께 생각하면서' 진행해야 한다. M 씨에게 어떻게 하고 싶은지를 물어도 M 씨는 곧바로 대답하지 못할 것이다. 상사도 M 씨에게 어떠한 방법이 가장 좋은지 알지 못하므로 어느 정도는 시행착오가 필요하다.

우선 '다양한 방식이 필요한 일을 요령 있게 전환하지 못하는 데다가 쉽게 혼란을 느끼니 머릿속을 정리하면서 진행해야 한다'는 핵심 문장을 공유하면서 이야기를 나누어가면 좋다. '질책하면 더욱 혼란이 고조된다'는 사실도 기억해야 한다. 혼란에 빠지기 쉬운 상태는 머릿속에 있는 방안에 여러 정보가 적힌 메모가 잔뜩 흩뿌려진 상태를 가리킨다. 그리고, 질책은 그 방에 불어닥치는 돌풍과도 같다. 돌풍이 휘몰아쳐 메모가 날아가면 더더욱 정리할 수 없게 된다.

또한, 머릿속에는 다양한 정보가 적힌 메모가 흩날릴 뿐이지 정보가 없는 건 아니다. 그저 메모가 여기저기 날아다니고 있으므로 지금 필요한 정보를 좀처럼 발견할 수 없을 뿐이다. 이것이 회의 등에서 곧바로 말을 하지 못하는 이유다. 그러므로 앞서 이야기한 것처럼 본인이 머릿속 정보를 자주 정리해두고, 그럴 수 있는 환경을 마련하는 일이 중요하다. 상사가 정기적으로 이야기를 듣는다던가, 자극이 적은 업무 환경 속에서 일한다던가, 또한 그러한 시간을 확보하던가 하는 방법이 있다.

생각해봐야 할 부분은, 자신의 장애나 부족한 점을 회사나 상사에게 모두 밝힐 필요는 없다는 것이다. 자신이 느끼는 어려움을 말하지 못하는 경우도 적지 않다. 혹은 진심을 다해 알리고 어떻게든 해결하기 위해 긍정적으로 노력했는데, 오해가 생겨 입장이 난처해지는 슬픈 결과를 낳을 수도 있다. 아직 회사나 사회 모두 발달장애에 관한 지식과 이해가 충분하지 않기 때문이다. 개인의 생각이나 감정의 정도 또한 성숙하다고는 볼 수 없다. 그러므로 자기 자신을 이해하는 것도 필수지만, 직장과 상사의 이해와 협력을 구할 수 있는지도 주치의나 카운슬러와 상담할 필요가 있다.

제10장

회사 내
'암묵적 동의'를
말로 한다면

상담 받으러 온 사람들이 자주 하는 말이 있다. 아무도 알려준 적이 없는데 확실하게 짚어주니 알겠다던가 진작에 누군가가 제대로 설명해주었다면 깨달았을 것이라는 말이다.

우리는 성장하는 과정에서 다양한 일을 배우는데, 그중에는 가족과 학교생활 속에서 '교육'받는 것도 있고 주변 사람들과의 관계를 통해 자연스럽게 몸에 익히는 것도 있다. 발달장애의 특성이 있으면 전자는 명확하게 입력되기 쉽지만, 후자는 '자연스럽게' 몸에 익히기가 다소 어려울 수 있다. 명확한 기준도 없고 시각화되어 있지도 않으며 사람마다 각자 미묘하게 차이가 나기 때문이다.

상상력을 자극하거나 감각적으로 이해한 내용은 체험을 통해 통합되어 자신의 안에 축적해야 한다. 그러나 발달장애 특성이 있으면 이 과정이 쉽게 이루어지지 않는다. 더군다나 그러한 축적은 '일반적인 감각', '상식', '사회성' 등으로 불리며 당연하게 여겨지므로 누군가가 미리 알려주거나 명확하게 말로 표현하는 일 또한 적다. 그래서 더욱 익히기 어려워진다.

즉, 우리는 '말할 필요가 없는 것'으로 여기며 대화하거나, '암묵적 동의'를 바탕으로 의사소통하는 일이 의외로 많다. 만일 이 '공유했다고 생각한 일', '전제 사항'이 다르면 당연히 대화가 어긋나고 일이나 상황의 이해에도 차이가 난다. 업무적으로는 그 성과물이니 인간관계에도 다양한 다툼이 발생할 소지가 생길 수 있다.

이 장에서는 직장에 있는 '말할 필요가 없는 것'을 설명한다. 말에 포함된 일반적인 의도와 의미를 다시 한번 확인하는 기회가 되기를 바란다.

몸이 안 좋으면 쉬셔도 됩니다

몸 상태가 안 좋으면 회사를 쉬어도 좋다는 말은 그 말뜻 그대로다. 열이나 통증과 같은 어떠한 몸의 이상을 느꼈다면 반드시 출근하지 않아도 된다. 반대로 살짝 나른하다거나 입맛이 없는 정도라면 항상 쉴 수만은 없다. 즉, 항상 100%의 몸 상태일 때만 출근하는 건 아니지만, 어느 일정한 수준의 이상함을 느꼈다면 출근하지 않거나 의료기관에 방문해야만 한다는 일반적인 규범이 존재한다.

그러나 걸을 수 있는 상태가 아니라거나 40도의 고열이 나는 등 누가 봐도 몸 상태가 나쁜 게 아니라면, 출근할 수 있는 상태인지 판단하지 못하는 사람도 있다. 애매함의 정도를 파악하는 일이 어려운 사람은 몸 상태라는 애매한 것을 자각하기가 쉽지 않다. 약간 나른하다거나 출근하기 싫다고 생각한 것만으로 회사를 쉬어버리는 사람이 있는가 하면, 반대로 40도 가까운 열이 나는데도 이를 알아차리지 못하고 출근하려는 사람도 있다.

애초에 업무는 회사에서 일정 수준의 판단을 책임감 있게 내릴 수 있다는 사실을 전제한다. 명확한 질병이 있거나 특별히 이해를 구한 경우라면 모를까, 안일하게 회사를 쉬려고 해서는 안 된다. 만약 주변 사람들이 '저 사람, 오늘은 출근할까? 또 쉬려나'와 같이 생각하고 있다면 자신이 일반적인 근무를 하는 대전제를 잃어버렸다는 것을 알아야 한다.

안정적으로 출근하는 일은 당연한 근무 규칙이다. 그렇기 때문에 보통의 사회인에게는 건강한 생활 태도를 유지하는 것 또한 업무에 포함된다. 직장에서 새삼스럽게 '사회인은 안정적으로 출근해야 한다'는 원칙을 알려주지는 않는다. 그러므로 누군가 알려주지 않더라도 '지나치게 잦은 결근은 일반적인 사회 통념상 허용되지 않는다'는 사실을 알아두자.

하지만, 몸 상태가 어떻든 절대 쉬어서는 안 된다고 생각하는 일 역시 바람직하지 않다. 그러므로 몸 상태와 출퇴근의 판단을 타당하게 할 수 있도록 판단 기준을 가시화해두는 것도 하나의 방법이다. 오른쪽의 평가등급 도표를 예시로 들 수 있다. 물론, 이미 지병이 있다거나 건강이 안 좋아 통원 치료 중이라거나, 그 사람의 평상시 체온 상태, 업종이나 직종, 직장의 출퇴근 규칙 등에

따라 기준은 바뀌므로 이 그림에 자신이 생각하는 컨디션 난조의

신호를 적어두고 이해하면 좋을 것이다.

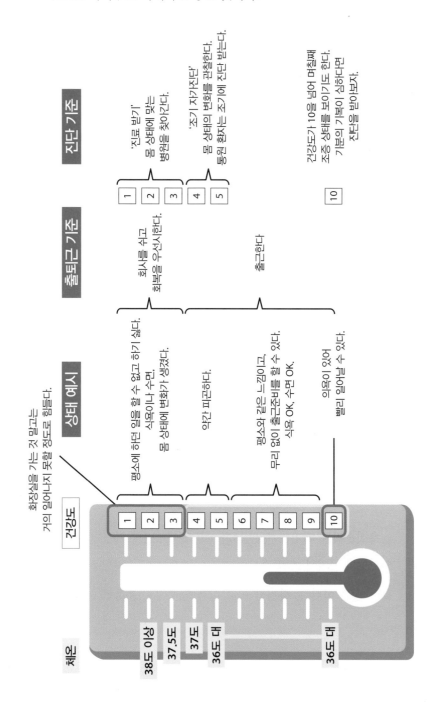

이것도 같이 해주세요

발달장애 특성이 있는 사람은 다양한 업무를 병행하지 못한다는 말을 자주 듣는다. 그러나, 다양한 업무를 동시에 수행해야 한다고 해서 완전히 '똑같은 시간'에 업무를 해야 하는 건 아니다.

손이나 머리 모두 하나(한 쌍)뿐이므로 완벽히 똑같은 타이밍에 할 수 없다. 가령, A, B, C, D의 네 개의 업무가 있다고 하자. A를 한 시간 하고, B를 해야 할 필요성이 생기면 B로 옮겨갔다가 C에도 손을 대지만 중간까지만 한다. 전체적인 업무 상태를 확인해 다시 A로 돌아가 작업한다. D는 손이 비었을 때 구상만 한다. 이처럼 업무의 전체 모습을 확인하면서 네 가지 업무를 교대로 수행하되 모든 납기 기한 안에 끝내도록 수시로 소요 시간과 순서를 바꾼다.

'여러 업무를 동시에'라는 표현은 마법 주문처럼 알아보기 힘들지만, 이렇게 하루에 여러 업무를 교대로 하면서 각각의 마감일에 맞춰 끝내겠다는 의미다.

우선순위 고려해서 진행해주세요

우선순위를 매기는 일은 'A가 1번, B가 2번, C가 3번처럼 그 중요도와 납기에 따라 순서대로 줄을 세우는 일'이라고 해석해도 틀린 말은 아니다. 하지만 이를 실제 업무에 적용하면 이야기는 달라진다.

　앞서 이야기한 '여러 업무를 동시에 수행'에서도 알 수 있듯, 대개 업무는 하나를 끝내고 다음 일을 진행하는 방식으로 진행되지 않는다. 우선순위도 하나하나 매길 수는 없다. 그러므로, 우선순위를 매기라는 말을 들었다면 각각 적절한 타이밍으로 출력하라는 말로 이해하는 게 현실적이다. 문자 그대로 업무에 우선순위를 매기려고 하면 오히려 혼란스러워진다.

　그렇다면, 결국 '여러 업무를 동시에 수행'하라는 말과 같은 뜻이다. 여러 업무를 적절히 교대로 수행하면서 각자의 마감일 안에 업무를 완성하겠다는 의미로 해석할 수 있다.

언제든 연락 주세요

　'언제나', '무엇이든'과 같은 문구는 직장에서도 자연스럽게 사용된다. 그러나, 정말로 '언제 어느 때든', '어떤 일이든'을 의미하지 않는다. 오히려 일종의 사교성 멘트와 같다. 하지만, 사교성 멘트라고 해서 '거짓말'인 건 아니다. 호의적인 인사와 같은 표현이다. 그러므로, '언제든 연락 달라'라는 말은 상대방이 연락하고 싶은 상황에서는 되도록 성의를 가지고 대응하겠다는 의미다.

괜찮습니다

　전달받은 업무를 기한 안에 끝내지 못해 "죄송합니다. 시간이 없어서……."라고 했더니 상대방이 "괜찮습니다. 신경 쓰지 마세요."라고 대답했다. 이 말을 이제 하지 않아도 괜찮다고 이해해 남은 일을 하지 않았다. 그러나, 일주일 후 "아직도 안 끝났어요?"라고 상대방이 화를 내며 재촉하는 전화를 걸어왔다. 괜찮다고 했으면서 왜 그런 반응을 보이는지 이해할 수 없었다.

　"괜찮습니다."라는 말은 그 의미가 무척 복잡하다. 늦었다는 사실에 마음 아파하지 않아도 괜찮다, 늦었다고 해도 아직 시간이 있으니 괜찮다, 지금부터 서두르면 시간 안에 마칠 수 있으니 괜찮다, 내가 이어받을 테니 너는 하지 마라, 등등, 다양한 의미를 내포한다. 따라서 어떠한 의미로 '괜찮다'라는 건지, 제대로 확인하지 않으면 그 의미를 서로 다르게 생각할 수 있다.

　그러므로, 이 경우 "괜찮습니다."라는 말을 들었다면 "감사합니다. 그럼, 서둘러서 ○일까지 완성해도 괜찮을까요?"와 같이 어떠한 뜻이었는지 확실하게 확인하자. 단, 직접적으로 "괜찮다는 건 어떤 의미인가요?"라고 물으면 상대방에게 배려가 없어 보이므로 일단 감사의 말을 건넨 뒤 확실한 뜻을 물어보면 좋다.

그럼, 이런 방향으로 정하겠습니다. ○○ 씨, 잘 부탁합니다

회의에서는 이야기의 방향성이 계속 바뀐다. 그러므로, 이야기의 맥락을 따라가지 못하면 최종 결론을 오해할 수 있다.

회의의 최종 결론은 참석자가 맥락을 좇아 이해해야 하는 것이 전제다. 그러므로 결론을 다시 확인하지 않고 "이러한 방향으로……."와 같은 표현으로 대체되곤 한다. 계속 흐름이 바뀐 끝에 내놓은 최종 결론을 자신이 제대로 이해했는지 그 자리에서 확인하는 것이 가장 바람직하다. 만일, "그러한 방침이니, A 씨, 잘 부탁합니다."라는 말을 들었다면 "알겠습니다. ○○에 대해서는 상대방에게 연락해 확인하겠습니다. 만일, 확인되면 바로 B 씨에게 연락하겠습니다."라고 대답하는 식이다.

이 부분을 조금만 더 수정하세요

완성해서 제출한 서류를 상사가 곧바로 확인한 뒤 약간의 수정을 요구했다고 하자. 이런 경우, 상사는 '○시간 후까지'와 같은 말은 하지 않는다. 조금만 수정하면 되므로 지금 바로, 또는 늦어도 하루 이틀 사이에는 수정해 다시 제출할 거라 생각한다. 그러나, 일단 완성해서 제출했으니 우선순위는 제일 뒤라고 생각해 버릴 수 있다. 그래서 지금 바로 시작한다면 한 시간 뒤에 끝나는 일이라고 해도 곧바로 시작하지 않고 얼마 동안 방치한다.

별일 아닌 것처럼 보이지만, 사실은 이처럼 사소한 감각이 엇나가는 일은 의외로 있다. 상사가 "○○ 씨(중요 고객)로부터 메일이 왔어. 전송할게."라는 말을 했다고 하자. 이 경우, 전송 메일이 도착하면 곧바로 답변을 보내라고 말하지 않았으므로 전송받은 메일을 읽기만 할 뿐, 답변을 보내지 않아 고객의 항의를 받게 될 수 있다. 혹은 상사가 "급한 의뢰이니 이걸 최우선으로 작업해."라고 지시했지만 일이 끝나면 바로 내게 보고하라는 말이 없으므로, 서둘러 작업했지만 끝난 뒤 보고하지 않을 수도 있다. 그대로 며칠이 지나버리기도 한다.

말하지 않아도 당연히 알아야 한다, 말하지 않으면 모른다고 생각하는 두 사람 사이에서는 이러한 문제가 빈발할 우려가 있다. 언뜻 사소한 것처럼 보여도 계속 쌓이다 보면 서로 신뢰할 수 없다는 생각에 사로잡혀 큰 다툼으로 번지기도 한다.

효율적으로 하세요

업무가 쌓여있거나 시간 내로 끝내지 못할 것 같으면, 상사로부터 '효율적으로 일하라'는 말을 듣게 된다. 이런 말을 들으면 업무 처리가 느려서 지적받았다고 받아들여 초조한 기분이 앞서게 되고, 결국 서둘러야겠다고 생각하기 쉽다. 그러나, 무작정 서두르려고 할수록 마음만 초조해지고, 머릿속은 혼란에 빠져 일은 더욱 더뎌진다.

효율적으로 일한다는 것은 엄청나게 빠르게 업무를 처리하라는 뜻이 아니다. '효율적으로'라는 표현은 대부분 쓸데없는 일은 하지 말라는 의미로 의역할 수 있다. 즉, 필요 없는 일에 노력이나 순서를 할애하지 말고 기간 내에 완성하라는 뜻이다.

그러므로, 만일 '효율적으로 일하라'는 말을 들었다면, 지금 생각하고 있는 업무의 순시, 내용, 분량, 일정 등을 상사와 상담해 최적화한 뒤 다시 업무를 시작해도 좋다.

단도직입적으로 말하지 않는 게 좋은 이유

국민성이나 기업 문화에 따라 다르기도 하지만, 다른 사람과의 커뮤니케이션에서 너무 직접적으로 표현하면 상대방은 기분이 상하거나 적대심을 느끼게 될 수도 있다. 사람은 다양한 대화 속에서 상대방과 자신의 우호도와 친밀도를 재면서 커뮤니케이션을 하기 때문이다. 그러므로 상대방이 지나치게 받아들이기 힘든 일을 거리낌 없이 말하는 것처럼 보인다면, 그것이 딱 한 번뿐이었다고 하더라도 상대방은 이 사람하고는 맞지 않는다, 분명 내게 좋은 감정을 가질 리 없다고 느끼게 된다. "네가 낸 이 기획은 전혀 쓸모가 없어.", "나는 너랑 일하기 싫어.", "(점심을 같이 먹자는 권유에)난 안 가."와 같은 표현들이 대표적이다.

자신의 기분을 거짓 없이 전달하는 일은 무척 중요하다. 하지만, 업무적으로 다양한 상황에서 활용할 수 있는 완곡한 표현이나 날카롭지 않은 표현들을 알아두면 쓸데없는 다툼을 피할 수 있다.

– 우려를 표하거나 내 생각을 주장하는 말

"○○에 대해서는 좋다고 생각하지만, △△에 대해서는 개선의 여지가 있다고 봅니다."

"확실히 그렇게 생각할 수도 있겠군요. 다만, 제 생각에는……."

"이렇게 생각하면 어떨까요? 제가 생각하기에는……."

– 거절하는 말

"아쉽지만, 다음번에 다시 검토하도록 하지요."

"죄송합니다. 공교롭지만 ○○는 어려울 것 같습니다. 다른 방법은 없을까요?"

"죄송합니다. 오늘은 상황이 여의치 않으니 다음에 하죠."

"죄송합니다. 저는 하기 어려울 것 같습니다."

– 의뢰하는 말

"죄송합니다만, ○○를 부탁드립니다."

"죄송합니다만, ○○해주실 수 있을까요?"

"번거로우시겠지만, ○○를 부탁드려도 될까요?"

"○○해주시면 감사하겠습니다."

이야기를 종합하자면 내 생각을 일방적이고 유일한 정답인 것처럼 말하지 않아야 한다. 상대방의 주장과 입장, 기분을 받아들이려고 하고 다른 생각도 있을 수 있다는 사실을 인정하면서 자신이 하고 싶은 말을 전달해야 한다.

말이 아닌 표현을 읽어야 하는 이유

'분위기를 읽는다'라는 표현이 있다. 말로는 하지 않았지만, 그 사람이나 그곳에 있는 사람들이 느끼는 공통적인 기분을 파악하는 일이다. 눈에 보이지 않는 '분위기'는 어떻게 읽을 수 있을까?

말 이외의 방법(말로 표현했다면 완곡한 표현)으로 표현된 작은 신호를 파악하여야 한다. 이렇게 애매하고 눈에 보이지 않는 것을 파악하지 못하는 특성이 있는 사람은 눈치를 채지 못하니 누군가의 의향이나 기분이 바뀌고 있다고 생각하는 것 자체에 스트레스를 받고 무척 불안해진다. 여기서는 이와 관련해 '말이 아닌 표현'을 몇 가지 소개하기로 한다.

NOGO 신호

'NOGO 신호'란, 상대방이 이야기에 관심이 없다, 시간이 없으니 들을 수 없다, 이야기를 들을 준비가 되어있지 않다, 이 정도로 끝내고 싶다고 생각해 보내는 신호다.

- 낮은 목소리로 "네.", 혹은 "그래, 그래.", "아아……."와 같이

단조롭게 맞장구를 친다.

- 시선을 피해 자료나 손, 기타 전혀 상관없는 것을 본다.
- 시계로 시선이 향한다.
- 몸이나 얼굴이 나를 향해있지 않다.
- "알겠습니다. 그럼, 이만…….", "생각해보겠습니다." 등 대화를 마무리하는 말이 나온다.

회의 중에 이러한 태도를 보인다면 상대방은 NOGO 신호로 인식한다. 만일, NOGO 신호를 보낼 생각이 아니었거나 신호를 보내기에 상황이 적절하지 않다고 생각된다면 이러한 태도를 취하지 않도록 신경 써야 한다.

만일 그만 자리를 뜨고 싶은 경우에도 지양해야 할 태도이다. 다른 사람의 이야기를 들어야만 할 때 노골적으로 계속 시계를 들여다보거나 건성으로 "네."라는 대답만 한다면 상대방은 자신의 이야기를 듣고 있지 않다거나 들을 생각이 없다고 받아들여 기분이 상할 수 있다.

분위기 읽기

어느 한 곳에 모인 사람들이 대체로 같은 것을 기대하고 있다는 사실을 어떻게 파악할 수 있는지 살펴보자.

갑자기 특별한 대형 프로젝트를 맡게 되었다. 총력을 기울여 그날 안에 마무리해야 하기에 모두가 야근을 각오하고 준비하는 상황을 가정해보자. 그때, 혼자 아무 일 없다는 듯 퇴근해버린다면 어떻게 될까? 명확하게 "오늘은 17시 이후에 약속이 있다 하더라도 취소하고, 무슨 일이 있어도 모두 야근해."라고 말한 사람은 없다. 그러나, 그곳에 있는 사람들이 대체로 공통적으로 오늘은 어쩔 수 없으니 다 같이 힘내서 야근하기를 기대하고 있을 수 있다. 그러니 혼자 재빨리 퇴근해버리면 다른 사람들은 위화감을 느끼게 된다. 물론, 지나친 단체 의식 때문에 개인 사정을 전혀 고려하지 않는 회사는 문제가 있다. 그러나 그러한 회사가 아니더라도 회사 사람들의 의향에 맞게 행동해야 할 때도 있는 법이다.

분위기 읽기는 무언가를 선택하거나 판단할 때에도 필요하다. 가령, 고객과 회사 밖에서 점심을 먹으며 회의하게 되었다고 하자. 이런 경우는 내가 먹고 싶은 점심 메뉴가 아니라 이야기를 나누기 편한 곳을 골라야 한다. 서서 먹는 국수집이나 작은 분식집, 패스트푸드점처럼 테이블 회전이 빠른 곳은 이야기를 나누기에 적절하지 않다. 만에 하나 그러한 곳을 갔다 하더라도, 음식을 먹고 난 뒤 자료를 꺼낸다면 가게 점원이나 다른 손님들로부터 빨리 나가라는 눈총을 받게 된다. 그러므로 조용하고 테이블 회전이 비교적 느리며 주변 사람들에게 피해를 주지 않을 장소를 골라야 한다.

물론, 주변 사람들이 무언가를 기대하고 있는지만을 신경 쓴다면 자신의 말과 행동이 경직되고 위축되므로 원래 가지고 있는 다양한 능력 또한 발휘할 수 없게 된다. 게다가 정체도 알 수 없는 것을 무턱대고 파악하려는 일은 매우 소모적이다. 그러므로,

무리해서 분위기를 읽으려 하지 말고 상대방의 의향을 빨리 확인할 수 있는 기술을 키우는 편이 빠를 수도 있다. 그 자리에 있는 사람들 모두에게 묻는 건 용기가 필요하므로, 누구라도 좋으니 다들 어떻게 생각하는지, 이럴 땐 어떻게 해야 하는지 등 부담 없이 질문할 수 있는 사람 한 명 정도는 만들어 두는 일이 중요하다.

끝마치며

　장애 특성이 있다고 짐작은 가지만 발달장애 진단은 받지 않은 사람들, 이른바 그레이 존에 놓인 사람들은 오히려 일상에서 적잖은 어려움을 느낀다. 이들은 어디에 도움을 요청해야 좋을지 모르고, 또한 도움을 요청했다고 해도 실생활과 직결되는 유효한 지원을 받지 못해 오랜 기간 혼자서 고통을 안고 살아간다. 이러한 고통은 장애 특성만으로 만들어지는 것이 아니라 성인으로 성장하는 과정에서 발생하는 여러 심리 요인에 의해서도 발생하는데, 오히려 성장 과정에서 겪은 고통이 더욱 심각할 수도 있다.

　이런한 사람들은, 모르지만 제대로 해내는 일도 없고, 나도 다른 사람도 믿지 못하며 항상 불안해하고 끊임없는 자기 부정에 시달린다. 그 고통을 어디서부터 어떻게 개선해야 할지 모르는 채 눈앞이 캄캄해져서 자포자기하게 된다. 결국 원래 할 수 있는 일조차 할 수 없게 되고, 자기 부정의 소용돌이에 빠져버린다. 결국 불안과 짜증 속에서 헤매게 되므로, 급격하게 힘이 빠지거나 때로는 남 탓을 한다고 해도 무리는 아니다.

일반적인 의료기관이나 상담 기관에서는 그레이 존 사람들을 명확한 지원의 범위에 포함시키기 어렵다. 이차적인 정신 건강의 난조 등이 발생하지 않는다면 애초에 그레이 존의 사람들과 지원하는 쪽이 만날 일도 거의 없으므로, 지원을 받기 위한 출발선에 함께 서는 일조차 힘들다. 임상적 견해의 축적도 부족하고 지원 방법도 명확하지 않기 때문이다.

그러나, 직장 내 전문 정신 건강 센터에서는 이러한 사람들과 만날 기회가 있다. 병원을 갈 생각은 없지만, 회사에서 운영하는 상담 프로그램*에는 참여하려는 모습을 보이기 때문이다. 이 책

* 근로자들을 지원하기 위한 프로그램인 EAP(Employee Assistance Program)의 일부로 기업이 일부 정신 건강 서비스 제공 기관 등과 계약을 맺어 제공하고 있다. 회사 내의 산업보건 직원(사내 의사, 사내 간호사, 정신과 의사, 카운슬러, 정신 건강 담당자 등)이 근로자 건강 관리의 일환으로써 담당하고 있기도 하다. 사내 정신 건강 지원 시스템의 유무 및 내용은 기업에 따라 다르고, 반드시 앞서 이야기한 프로그램이 있지는 않다는 점을 유의하기 바란다.

은 이러한 만남으로 알게 된 사람들의 이야기를 바탕으로 썼으며 그들이 조금이라도 편하게 생활하기를 바라는 마음으로 만들었다.

물론, 이 책에서 소개한 내용이 나와는 다르다거나 연구 방법이 맞지 않는다고 생각하는 사람도 있을 것이다. 그러나 이 책을 '하나의 계기'로 삼아 나 자신을 돌아보고, 이해하며 연구할 수 있다는 점이 중요하다. 이러한 마음가짐을 갖고 자신을 탓하는 굴레에서 벗어나 자신을 제대로 바라보려고 노력하고, 그 속에서 희망을 발견하기를 바란다.

세상은 계속 변한다. 사회 경제 활동의 방법도, 사람과 사람을 연결하는 기반의 형태도 바뀐다. 세상이 필요로 하는 능력 또한 바뀐다. 가치와 평가의 대상 역시 마찬가지다. 그렇다면 지금까지 제대로 할 수 없었고 살기 힘들다고 느꼈던 상황 자체도 바뀔 수 있다. 계속 변화하는 세상에서는 새로운 필요성이나 가치가

탄생하므로, 내가 가지고 있는 무언가도 함께 활용할 수 있다.

이 책은 괴로워하는 사람들이 조금이라도 편하게 생활하기를 바라는 마음에서 집필하였지만, 이것이 자신을 억누르고 지금의 사회에 맞춰야 한다는 뜻은 절대 아니다. 지금까지 만나온 수많은 상담자와의 이야기를 떠올리면, 각자가 가지고 있는 서로 다른 능력이 있기에 세상이 유지되고 있다는 느낌을 강하게 받는다. 그러므로 '차이'를 활용할 수 있는 사회가 되는 일이 훨씬 자연스럽다고 생각한다. '특성'은 결코 부정적이지 않다는 사실을 확실히 깨닫고 이 변화의 시대를 바라보면서 여유롭게 자신의 길을 걸어가기를 바란다.

참고 문헌 *

- 『마인드풀니스, 그리고 ACT로マインドフルネスそしてACTへ』, 구마노 히로아키, 세이와쇼텐, pp.74〜76.

- 『마인드풀니스의 유래와 전개: 현대의 불교와 심리학 연계를 사례로マインドフルネスの依頼と展開ー現代における仏教と心理学の結び付きのレイとしてー』, 후지이 슈헤이, 중앙학술연구소 간행물 제46호.

- 『발달장애 그레이 존発達障害グレーゾーン』, 히메노 게이, 후소샤신쇼.

- 『만일, 부하직원이 발달장애라면もし部下が発達障害だったら』 사토 에미, 디스커버 게이쇼.

* 2024년 6월 기준, 국내 번역 출간한 도서는 없다.

「判断するのが怖い」あなたへ

「HANDAN SURU NO GA KOWAI」ANATA E

Copyright © 2020 by Sato Emi

Original Japanese edition published by Discover 21, Inc., Tokyo, Japan

Ⓓiscover

Korean translation copyright © 2024 by Korean Studies Information Co., Ltd.

Korean edition published by arrangement with Discover 21, Inc. through Eric Yang Agency

그레이 존에서
길을 잃은 직장인에게

발달장애 특성을 가진 이들을 위한 직장생활 안내서

초판인쇄 2024년 6월 21일
초판발행 2024년 6월 21일

지은이 사토 에미
옮긴이 일본콘텐츠전문번역팀
발행인 채종준

출판총괄 박능원
국제업무 채보라
책임번역 문서영
책임편집 유나
디자인 김예리
마케팅 전예리 · 조희진 · 안영은
전자책 정담자리

브랜드 이담북스
주소 경기도 파주시 회동길 230 (문발동)
투고문의 ksibook13@kstudy.com

빌헹처 한국학술정보(주)
출판신고 2003년 9월 25일 제406-2003-000012호
인쇄 북토리

ISBN 979-11-7217-309-8 13180